Duden

Einfach klasse in
Französisch

1. Lernjahr

Wissen • Üben • Testen

Dudenverlag
Mannheim • Leipzig • Wien • Zürich

Bildnachweis:
Image Source, Köln: S. 23
MEV Verlag, Augsburg: S. 29
picture-alliance / dpa, Frankfurt am Main: S. 29

Bibliografische Information der Deutschen Nationalbibliothek
Die Deutsche Nationalbibliothek verzeichnet diese Publikation in der Deutschen Nationalbibliografie; detaillierte bibliografische Daten sind im Internet über http://dnb.ddb.de abrufbar.

D C B A

Redaktionelle Leitung Annika Renker
Redaktion Elke Spitznagel
Autorin Ulrike Jahn-Sauner

Herstellung Annette Scheerer
Layout Horst Bachmann
Illustration Carmen Strzelecki
Umschlaggestaltung Sven Rauska
Umschlagabbildung mauritius images

Satz Katrin Kleinschrot, Stuttgart
Druck und Bindung Kösel, Altusried-Krugzell
Printed in Germany

ISBN-13: 978-3-411-72741-4
ISBN-10: 3-411-72741-1

Inhaltsverzeichnis

1 Substantive und ihre Begleiter

1.1 Substantiv

Genus (Geschlecht)

Im Deutschen kann ein Substantiv männlich (maskulin), weiblich (feminin) oder sächlich (neutrum) sein. Im Französischen hingegen gibt es **nur Maskulinum und Femininum.** Oft stimmt deshalb das Geschlecht im Deutschen und Französischen nicht überein. *Merke:* Du musst das Substantiv immer zusammen **mit dem Artikel** lernen. Substantive, die mit Vokal oder stummem *h* beginnen, merkst du dir am besten mit dem unbestimmten Artikel.	**le** chien – **der** Hund **la** souris – **die** Maus *aber:* **la** voiture – **das** Auto **le** chat – **die** Katze **le** citron – **die** Zitrone **la** pomme – **der** Apfel **la** salade – **der** Salat **le** lit – **das** Bett **un** hôtel (*anstatt:* l'hôtel) **une** orange (*anstatt:* l'orange)
■ Wie im Deutschen gibt es bei **Personenbezeichnungen** meist ein Wort für Maskulinum und eines für Femininum. ■ Manchmal wird für die **feminine** Bezeichnung an das männliche Substantiv nur ein **-*e* angehängt.** ■ In einigen Fällen gibt es **zwei ganz ähnliche Wörter.** ■ Gelegentlich gibt es nur **ein Substantiv für beide Geschlechter,** dann gibt der Artikel das Geschlecht an.	la mère – le père la sœur – le frère un ami – une amie un Français – une Française un vendeur – une vendeuse le copain – la copine un élève – une élève (Schüler – Schülerin) un enfant – une enfant
■ Substantive auf *-age* sind in der Regel **Maskulinum.** ■ Substantive auf *-ée* sind fast immer **Femininum.** Es gibt nur wenige Ausnahmen.	le garage – un étage *aber:* **la** plage (der Strand) la journée – une entrée *aber:* **le** musée
Achtung: Manchmal ist der **Artikel bedeutungsunterscheidend!** *le tour* – Rundgang, Rundfahrt *la tour* – Turm *le cours [kur]* – Unterrichtsstunde *la cour [kur]* – Hof	 **Le** tour de France commence en juillet. Voilà **la** tour Eiffel. J'aime bien **le** cours d'allemand. Tu vois **la** cour de notre collège.

Pluralbildung (Mehrzahl)

Normalerweise wird im Plural an das Substantiv ein *-s* gehängt, das nicht gesprochen wird. Der Artikel steht ebenfalls im Plural.	**le** livre → **les** livres **la** fleur → **les** fleurs **un** cahier → **des** cahiers **une** voiture → **des** voitures
Substantive auf *-eau* oder *-eu* erhalten im Plural ein *-x*.	le cadeau → les cadeau**x** le jeu → les jeu**x**
Substantive auf *-al* oder *-ail* erhalten im Plural die Endung *-aux*.	le journal → les journ**aux** le travail → les trav**aux**
Substantive auf *-s* oder *-x* bleiben im Plural unverändert.	la souris → les souri**s** le prix → les pri**x**
Unverändert bleiben Familiennamen und Abkürzungen.	les Lacombe les CD – les BD *(Comic)*
Es gibt folgende Sonderformen: *madame – mesdames* *monsieur – messieurs* *mademoiselle – mesdemoiselles*	Bonjour, mesdames et messieurs. Au revoir, mesdemoiselles.
■ **Zusammengesetzte Substantive** hängen im Plural ein *-s* an das **erste** Substantiv. ■ Handelt es sich um eine Verbindung aus **Adjektiv + Substantiv,** so kommt an beide Teile ein Plural-*s*. ■ Diese Substantive solltest du dir gut einprägen, da sie im Plural unverändert bleiben: *le porte-monnaie – les porte-monnaie* *le rendez-vous – les rendez-vous*	la salle de bains → les salle**s** de bains un bloc à dessin → des bloc**s** à dessin mon grand-père → mes grand**s**-père**s** la grand-mère → les grand**s**-mère**s** une carte postale → des carte**s** postale**s** Elle a deux porte-monnaie. Il a toujours des rendez-vous.
Manche Substantive kommen **nur im Plural** vor.	les maths / les mathématiques les toilettes

WISSEN

ÜBUNG 1 **Setze den bestimmten Artikel.**

	rue		citron		orange		table		chaise
	tableau		chambre		film		maison		télé

ÜBUNG 2 **Nenne die entsprechende weibliche oder männliche Personenbezeichnung.**

1. la mère et
2. la fille et
3. le copain et
4. l'oncle et

ÜBUNG 3 **Die Schlange enthält neun Substantive. Schreibe sie auf die Linien und füge den bestimmten Artikel hinzu.**

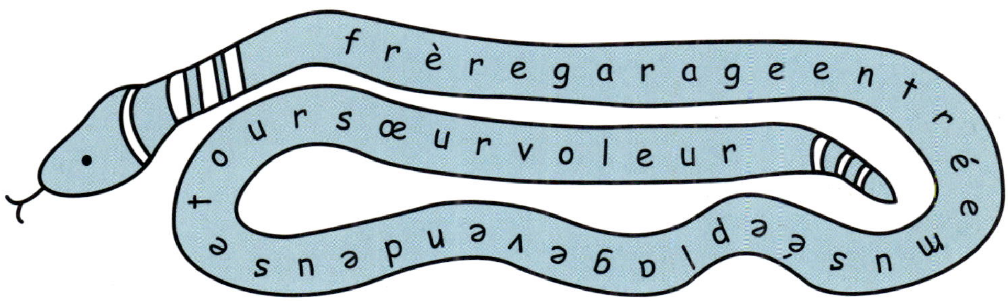

ÜBUNG 4 **Füge den bestimmten Artikel hinzu und setze die Substantive in den Plural.**

	téléphone	→ les	
	jeu	→ les	
	gâteau	→ les	
	travail	→ les	
	salon de thé	→ les	
	grand-mère	→ les	
	cours	→ les	

ÜBEN

ÜBUNG 5 *Qu'est-ce que c'est?* – **Was ist das? Ergänze die Sätze**

Ce sont _______________ de Luc. 

Ce sont _______________ des pantalons.

Ce sont _______________ et _______________ de Nathalie. 

Ce sont _______________ de mon père. 

Ce sont _______________ .

C'est _______________ de Pise. 

ÜBUNG 6 **Fehlen hier Buchstaben?**

les fille ___ et le fil ___ une pomme ___ une souri ___

des chapeau ___ un jeu ___ des salle ___ de séjour ___

Madame ___ Lagrange ___ et les Dupont ___

ÜBUNG 7 **Übersetze die folgenden Sätze.**

Die Neveus wohnen in Paris.

____

Nadine schaut die Comics von Luc an und hört die CDs von Sabine.

____

____

Das Auto von Papa ist in der Garage.

____

In der Wohnung von Monique gibt es drei Badezimmer.

____

1.2 Bestimmter und unbestimmter Artikel

Wie im Deutschen gibt es im Französischen den **bestimmten** und den **unbestimmten Artikel.** ■ Der **unbestimmte Artikel** begleitet ein nicht näher bestimmtes Substantiv, ■ der **bestimmte Artikel** bezeichnet ein näher bestimmtes Substantiv.	Laurette regarde **un livre.** C'est **le livre** de Luc. C'est **un** plan de Paris? – Oui, c'est **un** plan de Paris. C'est **le** plan de Nathalie? – Non, c'est **le** plan de maman.
Der unbestimmte Artikel hat folgende Formen: maskulin – feminin Sg. *un garçon* – *une fille* Pl. *des garçons* – *des filles* *Beachte:* Vor Vokal und stummem *h* werden ***un*** und ***des*** **gebunden** ausgesprochen.	Dans l'appartement de Pascal, il y a **une** chambre, **un** salon, **une** salle de bains et **une** cuisine. Voilà **des** pommes et **des** citrons. **un** ordinateur – **des** ordinateurs **un** hôtel – **des** hôtels [ɛ̃n] [dez]
Anders als im Deutschen und im Englischen gibt es im Französischen den **unbestimmten Artikel auch im Plural.** In der Übersetzung steht das Substantiv dann **ohne Artikel** (Nullartikel).	Voilà une maison. – Ce sont **des** maisons. *Deutsch:* ein Haus – __ Häuser *Englisch:* a house – __ houses
Der **bestimmte Artikel** hat folgende Formen: maskulin – feminin Sg. *le garçon* – *la fille* *l'anorak* – *l'étagère* Pl. *les garçons* – *les filles* Vor Vokal und stummem *h* steht im Singular nur *l'*.	Paul regarde **le** vélo de Luc. Voici **la** voiture de Mme Richard. Virginie écoute **les** chansons de Faudel. Voilà **les** restaurants «Bofinger» sur le plan de Paris. Madame Durafour travaille à **l'**hôpital. Regarde **l'**arbre de Mme Noblet.
Aufgepasst: Bei den Wochentagen steht der bestimmte Artikel, wenn eine **Regelmäßigkeit** ausgedrückt werden soll.	Pascal travaille **le lundi.** (montags / jeden Montag) **Le mercredi,** il regarde un film. (mittwochs / jeden Mittwoch)

ÜBUNG 8 ***Qu'est-ce que c'est?* Setze den unbestimmten Artikel ein.**

C'est ______ . 

C'est ______ . 

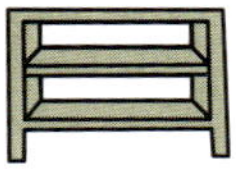 C'est ______ .

 Ce sont ______ .

ÜBUNG 9 **Marc zeigt seinen Freunden Fotos: *C'est à qui?* – Wem gehört das? Setze den bestimmten Artikel ein.**

C'est ______ voiture de Pascal.

Ce sont ______ fleurs de ma mère.

Et ça? – C'est ______ jardin de ma tante.

Voici ______ élèves de mon oncle. Il est professeur de maths.

ÜBUNG 10 **Füge den bestimmten oder den unbestimmten Artikel ein.**

l'appartement → ______ appartements

______ copain → des copains

une sœur → ______ sœurs

______ quartier → les quartiers

la rue → ______ rues

ÜBUNG 11 **Setze den bestimmten oder den unbestimmten Artikel ein.**

1. Nous sommes dans ______ jardin de ma grand-mère.
2. Pierre et Claudine discutent sur ______ banc.
3. Puis, Pierre regarde ______ fleurs.
4. Claudine cherche ______ champignons.
5. Ma grand-mère arrive: elle porte ______ champignons dans la cuisine.
6. Moi, je joue avec ______ chats.
7. Ce sont ______ chats de ma sœur. J'aime ______ chats.
8. Mais où est ma sœur? Elle est dans ______ maison et prépare ______ dîner.

WISSEN +

aimer / détester + bestimmter Artikel
Bei Verben wie *aimer* und *détester*, die eine **Zuneigung oder Ablehnung** ausdrücken, steht immer der **bestimmte Artikel.** Im Deutschen hingegen steht **kein** Artikel.

J'**aime le** fromage. (Ich mag __ Käse.)
Je **déteste les** tests. (Ich hasse __ Tests.)

ÜBUNG 12 **Welcher Artikel passt?**

la | le | les | un | une | des

1. Dans le jardin, il y a ______ fleurs.
2. Qui est-ce? – C'est ______ amie. Et ça, c'est ______ mère de Céline.
3. J'adore ______ olives.
4. ______ dimanche, je ne travaille pas et je mange ______ steak.

ÜBUNG 13 **Übersetze die folgenden Sätze.**

Mittwochs und samstags ist Markt.

______

Auf dem Markt sind Stände mit Obst und Gemüse.

______

Dort gibt es Äpfel, Zitronen, Tomaten und Blumen.

______

Wir lieben Äpfel, Zitronen und Blumen, aber wir mögen Tomaten überhaupt nicht.

______

______

Heute gibt es Orangen.

______

Ich mag Orangen sehr.

______

1.3 Präposition und bestimmter Artikel

de + bestimmter Artikel

Die Präposition *de* bestimmt ein Substantiv genauer oder ergänzt ein Verb.

C'est le salon **de** Claire.
Il parle **de** Nicole.

Steht die Präposition ***de*** vor dem bestimmten Artikel, musst du aufpassen, denn ***de*** **verschmilzt** mit *le* zu ***du*** und mit *les* zu ***des*** (zusammengezogener Artikel):

de + le → ***du***
de + la → *de la*
de + l' → *de l'*
de + les → ***des***

Voilà la maison **du** copain.
Voici la voiture **de la** copine.
C'est le camping **de l'**ami de Pauline.
Ce sont les magasins **des** voisins.

Beachte: Es gibt **keine Verschmelzung** mit den Artikeln *la* und *l'*.

Ma mère parle **de la** cantine **du** collège.

à + bestimmter Artikel

Die Präposition *à* leitet eine Ortsangabe ein oder ergänzt ein Verb.

Il est **à** Paris.
Il montre des photos **à** Nicole.

Steht die Präposition ***à*** vor dem bestimmten Artikel, musst du aufpassen, denn ***à*** verschmilzt mit *le* zu ***au*** und mit *les* zu ***aux*** (zusammengezogener Artikel):

à + le → ***au***
à + la → *à la*
à + l' → *à l'*
à + les → ***aux***

Les élèves vont **au** collège.
Nathalie mange **à la** cantine.
Le prof est **à l'**école.
Ils montrent des photos **aux** élèves.

Beachte: Es gibt auch hier **keine Verschmelzung** mit den Artikeln *la* und *l'*.

Merke: Die Formen ***de l'*** und ***à l'*** stehen immer vor Vokal und stummem *h*.

Jacques parle **de l'**Hôtel de Ville (Rathaus) et **de l'**auberge de jeunesse (Jugendherberge).
Mes amis habitent **à l'**hôtel et mangent **à l'**Auberge «Napoléon».

ÜBUNG 14 Bilde die richtige Form: *à* + bestimmter Artikel.

ÜBUNG 15 Ergänze die Sätze mit *à* und dem bestimmten Artikel.

1. Christophe est ______ maison.
2. Mathilde et Claire vont ______ marché.
3. Les parents de Michel montrent des photos ______ amie.
4. Marianne téléphone ______ copains et ______ copines.

ÜBUNG 16 Was muss hier stehen? Ergänze aus dem Wortspeicher.

de l' – de la – des – de l' – du – des – de la – du – des – de l'

1. Voilà la cantine ______ collège.
2. Et là, c'est la salle de classe ______ 5ᵉ B.
3. Sur la photo, il y a aussi le jardin ______ école.
4. Et voilà des photos ______ classes ______ collège «Arthur Rimbaud».
5. Voilà M. Bruel, le professeur d'allemand ______ classe 5ᵉ B.
6. Il apporte les interrogations ______ élèves.
7. Les élèves font les corrigés ______ interrogations.
8. Martina, la correspondante ______ amie de Pascal, est aussi dans ma classe.
9. Elle parle ______ Allemagne et ______ voyage en France.

ÜBUNG 17 **Bilde Sätze mit *faire* + *de* + bestimmter Artikel.**

Nathalie ____________________

Simone ____________________

Adrien ____________________

Clara ____________________

WISSEN

***jouer à* oder *jouer de*?**

- Das Verb *jouer* steht mit *à,* wenn es sich um eine Sportart oder ein Spiel handelt.
- Das Verb *jouer* steht mit *de,* wenn es sich um ein Musikinstrument handelt.

Nous jouons **au foot.**
Elle aime jouer **aux échecs.** (Schach)

Tu joues **d'un instrument?**
Oui, je joue **du piano** et **de la flûte.**

ÜBUNG 18 **Ergänze den Text mit *à, au, aux, à la* oder *à l'*.**

C'est le week-end. Les Durand sont ________ Paris.
________ 9 heures, ils vont ________ marché.
________ stands, il y a des fruits et des légumes.
Les Durand apportent des oranges ________ grands-parents.
Après, Mme Durand va ________ boulangerie et ________ épicerie.
________ caisse, il y a des amis et on parle.
________ midi, ils vont ________ maison.
Mme Durand joue ________ piano et M. Durand joue ________ cartes.

1.4 Adjektiv

Angleichung des Adjektivs

Adjektive beschreiben **Eigenschaften.**
Im Französischen richten sich Adjektive in **Geschlecht (Genus)** und **Zahl (Numerus)** nach dem Substantiv, auf das sie sich beziehen ***(accord):***

le **grand** homme (der große Mann)
un **petit** enfant (ein kleines Kind)

- Die **feminine Form** wird durch das Anhängen eines *-e* gebildet. Endet ein Adjektiv im Maskulinum auf *-e,* so ist die feminine Form gleich.

un petit chat – une petite souris
un test facil**e** – une interrogation facil**e**
un pull roug**e** – une tomate roug**e**

- **Im Plural** erhalten maskuline Adjektive in der Regel ein *-s*, feminine Adjektive *-es.*
- Bezieht sich das Adjektiv auf mehrere Substantive **verschiedenen** Geschlechts, so wird die **maskuline** Form des Adjektivs verwendet.

un grand musée – des grand**s** musées
une grande maison – des grand**es** maisons
des robes et des pulls **blancs**
des filles et des garçons **contents**

	maskulin	feminin
Sg.	*grand*	*grande*
Pl.	*grands*	*grandes*

Adjektive können wie im Deutschen und Englischen durch ein **Verb** (deutsch: *sein,* englisch: *to be,* französisch: *être*) mit dem Substantiv verbunden sein **(prädikativer Gebrauch).**

Le livre est **intéressant.**
Le fromage est **bon.**
La souris est **petite.**
La fille est très **jolie.**
L'histoire est **vraie.**

Achtung: Im Unterschied zum Deutschen richtet sich auch das **prädikativ** verwendete Adjektiv nach dem **Bezugswort** (Substantiv).

la **grande** tour Eiffel (der große Eiffelturm)
La tour Eiffel est **grande.** (Der Eiffelturm ist groß.)

Bei den **femininen** Formen der Adjektive kann man hörbare und nicht hörbare Formen unterscheiden.

Merke: Durch das angefügte *-e* wird der sonst stumme Endkonsonant (Mitlaut) hörbar. Sind Endvokal oder Endkonsonant bereits in der männlichen Form hörbar, so gibt es lautlich keinen Unterschied.

Hörbare Formen:
le grand fleuve [gʀɑ̃]– la grande rue [gʀɑ̃d]
le cahier vert [vɛʀ]– la couleur verte [vɛʀt]
un classeur gris [gʀi] – une jupe grise [gʀiz]

Nicht hörbare Formen:
un joli jardin [ʒɔli] – une jolie fille [ʒɔli]
un anorak bleu [blø]– une robe bleue [blø]
un pantalon noir [nwaʀ] – une jupe noire [nwaʀ]

Beachte folgende **Sonderformen** im Femininum:		
blanc – ***blanche*** (weiß)	[blɑ̃ / blɑ̃ʃ]	un chat **blanc** – une souris **blanche**
bon – ***bonne*** (gut)	[bɔ̃ / bɔn]	un **bon** repas – une **bonne** orange
cher – ***chère*** (lieb, teuer)	[ʃɛʀ]	Le livre est **cher.** – **Chère** Martine, …
long – ***longue*** (lang)	[lɔ̃ / lɔ̃g]	un **long** fleuve – La rue est **longue.**
fou – ***folle*** (verrückt)	[fu / fɔl]	Luc, tu es **fou!** – Sabine est **folle.**
faux – ***fausse*** (falsch)	[fo / fos]	C'est **faux.** – une barbe **fausse** (Bart)

Adjektive, die im Maskulinum Singular auf ***-if*** enden, erhalten im Femininum die Endung ***-ive.***	un fils sport**if** – une fille sport**ive** des fils sport**ifs** – des filles sport**ives**
Adjektive, die im Maskulinum Singular bereits auf ***-x*** oder ***-s*** enden, bleiben im Plural gleich.	un exemple faux – des exemples faux un corres français – des corres français
Einige Adjektive sind **unveränderlich.** Dazu zählen ***marron*** (braun), ***orange*** und ***super.***	une jupe **marron** des pantalons **orange** des CD **super**
Das Adjektiv ***sympa*** ist im Singular unveränderlich, im Plural bekommt es ein ***-s.***	un monsieur **sympa** – une fille **sympa** – des dames **sympas**

Die Stellung des Adjektivs

Im Französischen steht das Adjektiv – im Gegensatz zum Deutschen und Englischen – meist **nach dem Substantiv.**	un livre **intéressant** une jupe **noire**
Nur wenige Adjektive, die sehr häufig verwendet werden, stehen **vor dem Substantiv.** Dazu gehören:	
grand (groß)	un **grand** chien
petit (klein)	une **petite** souris
bon (gut)	un **bon** vin
mauvais (schlecht)	un **mauvais** fromage
cher (teuer, lieb)	mon **cher** ami
joli (hübsch)	une **jolie** fille
vrai (wahr)	une **vraie** histoire

ÜBUNG 19 Gleiche das Adjektiv an das Substantiv an, falls nötig.

une grand ___ maison	un petit ___ chat	des joli ___ filles
des pulls noir ___	des vrai ___ histoires	des chiens marron ___
une ville super ___	une salade vert ___	les jeux facile ___

ÜBUNG 20 Finde zu jedem Substantiv das passende Adjektiv. Gleiche es an und füge den unbestimmten Artikel hinzu. Schreibe in dein Übungsheft.

allemand, bon, mauvais, intéressant, blanc, marron, rouge, long, vert

livres, chats, dames, phrase, tarte, notes, tomates, nature, pain

ÜBUNG 21 Gleiche das Adjektiv an das zugehörige Substantiv an und achte auf die Stellung des Adjektivs!

Claire est une ___ fille ___. (petit)
Gérard est un ___ garçon ___. (grand)
Ludovic regarde une ___ BD ___. (intéressant)
Monique et Frédéric adorent les ___ histoires ___. (bizarre)
Mélanie aime bien les ___ robes ___. (joli)

ÜBUNG 22 Füge die passenden Wörter zusammen. Schreibe in dein Übungsheft.

un	maison	français
une	arbre	vert
des	musique	bonne
le	filles	rouges
la	voitures	super
l'	coq	grande
les	film	jolies

ÜBEN

ÜBUNG 23 **Im folgenden Text sind zehn Fehler versteckt. Verbessere sie auf den Schreiblinien darunter.**

ACHTUNG FEHLER

Voilà les Durands. Ils sont une grand famille. M. et Mme Durand ont quatre

petites enfants: Luc, Sandra, Claire et Joséphine. Ils ont aussi un chien bizarre.

Il adore les chats. La maison est super et les chambres sont grands. La cuisine

est intéressant, il y a trois réfrigérateurs *(Kühlschränke)*. La salle de bains est vert

et noir. Quelle horreur! Le jardin est jolie. Il y a des fleurs bleus et rougs.

ÜBUNG 24 **Beschreibe Christine mit Adjektiven.**

ÜBUNG 25 **Übersetze die folgenden Sätze und schreibe sie in dein Übungsheft.**

Sabine ist ein deutsches Mädchen. Sie ist sehr sportlich.
Im Laden gibt es grüne Äpfel, rote Tomaten und spanische Zitronen.
Isabelle ist eine gute Schülerin. Sie hat eine deutsche Brieffreundin.
Pierre trägt heute eine schwarze Hose und ein blaues Hemd, Laurence trägt orangefarbene Jeans und braune Schuhe *(la chaussure)*.
Patricia ist ein sympathisches Mädchen, weil sie immer zufrieden ist.

Check-up Substantive und ihre Begleiter

45 Minuten

AUFGABE 1 **Setze die Artikel wie angegeben vor die Substantive.**

Substantiv	unbestimmter Artikel	bestimmter Artikel
arbre		
voitures		
photo		
amie		

AUFGABE 2 **Bilde den Plural der folgenden Substantive.**

1. le travail
2. l'hôtel
3. le prix
4. un CD
5. un cadeau
6. une histoire

AUFGABE 3 **Ergänze den bestimmten oder den unbestimmten Artikel.**

Voici ______ crayon. C'est à qui? – C'est ______ crayon de Pascal.
Voilà ______ dessins. Ce sont ______ dessins de Monique? – Non.
Je cherche ______ papeterie. – Voici ______ papeterie de Mme Bernard.
Où sont ______ livres de Paul? Ils sont sur ______ étagère? – Non, ils sont sous ______ lit de Paul.

AUFGABE 4 **Die Präposition *à* + bestimmter Artikel: Übersetze die Wörter in Klammern.**

Ils vont ______. (in die Schule)
Luc est ______. (zu Hause)
Nous allons ______. (ins Krankenhaus)
Ce soir, nous sommes ______. (im Kino)

TESTEN

AUFGABE 5 **Setze *de, du, de la, de l'* oder *des* ein.**

Qu'est-ce que c'est? C'est la BD d' Astérix? ✓

C'est la maison des parents de Luc? – Non, c'est la maison des frères de la copine Margot. ✓

Le restaurant de l' hôtel est bon? – Non, pas du tout. Je vais à la cantine du collège Clément. Elle est très bonne. ✓

AUFGABE 6 **Fülle die Lücken im Text aus.**

de – du – de la – de l' – des – à – au – aux – à la – à l'

Aujourd'hui, M. Lacombe raconte l'histoire ____ rue Rivoli ____ son fils Robert et ____ copains ____ Robert.

Il montre ____ photos ____ mairie *(Rathaus)* et ____ magasins.

Après, ils vont ensemble ____ mairie.

Robert: «Regarde la façade *(Fassade)* ____ hôtel Rivoli. C'est super!»

M. Lacombe: « ____ entrée ____ hôtel, il y a un grand salon. On entre et on regarde le salon ____ entrée?»

AUFGABE 7 **Übersetze die folgenden Sätze und schreibe sie in dein Übungsheft.**

Machen wir heute Sport in der Schule?
Seid ihr einverstanden?
Danach gehen wir nach Hause und hören CDs an.
Wir spielen Karten oder Tennis.
Luc spielt Gitarre und wir singen Lieder von Faudel. *(chanter une chanson)*
Pierre fährt Ski.
Sandrine ist ein hübsches Mädchen.
Sie liebt blaue Hosen, grüne Pullis und gute Musik.
Ich mag keine grauen Hosen.

2.1 Personalpronomen

Ein Satz besteht mindestens aus einem Subjekt und einem Prädikat. Das **Subjekt** kann dabei aus einem **Substantiv** oder einem **Subjektpronomen** bestehen.	**Nicole** lit. **Je** suis Adrien. **Ils** habitent à Lyon.
Subjektpronomen: *je* ich *tu* du *il / elle / on* er / sie / man, wir *nous* wir *vous* ihr *ils / elles* sie Die **Subjektpronomen** stehen nie ohne Verb. Deshalb nennt man sie auch **verbundene Personalpronomen.** *Merke:* Vor Vokal und stummem *h* wird *je* zu *j'* apostrophiert, *tu* wird **nie** apostrophiert.	**Je** regarde un film. **Tu** regardes aussi un film? **Il** joue. – **Elle** dessine. – **On** dessine aussi. **Nous** dessinons un arbre. Et **vous** dessinez une maison. Et les copines? – **Elles** dessinent un chat, et les copains, **ils** dessinent un chien. **J'**invite mes amis. **Tu** invites tes amis?
Il vertritt ein **maskulines** (männliches), ***elle*** ein **feminines** (weibliches) Substantiv im Singular, egal ob Person oder Sache.	Pierre est à Paris? – Non, **il** est à Berlin. Sandrine cherche un livre. **Elle** entre dans une librairie. Voici un crayon. **Il** est bleu. Voilà la tasse. **Elle** est sur la table.
On vertritt das unpersönliche „man". **Umgangssprachlich** kann es auch anstelle von *nous* verwendet werden. *Achtung:* Steht ***on*** anstelle von *nous,* bleibt es im Französischen 3. Person Singular!	**On** fait un tour dans le quartier? – Machen **wir** einen Spaziergang im Viertel? **Nous regardons** la Seine? **On regarde** la Seine?
Vous wird auch als **höfliche Anrede** von einer oder mehreren Personen verwendet.	**Vous** êtes de Paris? → Kommt **ihr** aus Paris? *(mehrere Personen)* → Kommen **Sie** aus Paris? *(eine oder mehrere Personen)*

ÜBUNG 1 **Ersetze die rot gedruckten Substantive durch Subjektpronomen.**

1. Où est le carton? – ________ est sur l'étagère.
2. Que fait Lena? – ________ regarde un livre.
3. Où sont les filles? – ________ sont dans la chambre de Marie.
4. Mme Petit téléphone? – Oui, ________ téléphone.
5. Les parents et les enfants sont d'accord? – Oui, ________ sont d'accord.

WISSEN

Maskulinum hat Vorfahrt
Ils vertritt auch eine Gruppe maskuliner und femininer Substantive.

Pierre et Monique sont à la maison.
Ils font les devoirs.

ÜBUNG 2 **Beantworte die Fragen und verwende für die rot hervorgehobenen Subjekte entsprechende Subjektpronomen.**

1. Tu t'appelles comment? – ________ Anne.
2. Christian et Luc attendent? – Oui, ________.
3. Où sont les copains et les copines? – ________ dans la cuisine.
4. Que font les élèves? – ________. (travailler)
5. La mère: Vous faites les devoirs, les enfants? – Non, ________.
(jouer)

ÜBUNG 3 **Welche Frage gehört zu welcher Antwort? Verbinde.**

Questions:	**Réponses:**
1. Nadine est dans la salle de bains?	a. Non, je cherche un autre hôtel.
2. Où sont Philippe et Nadine?	b. Non, j'apporte des croissants.
3. Tu apportes des baguettes?	c. Ils sont dans le jardin.
4. Vous réservez la chambre, monsieur?	d. Oui, elle y est.
5. Vous adorez les fruits?	e. Non, mais nous aimons les bonbons.

ÜBEN

ÜBUNG 4 ***Corrigez les phrases:*** **In den Sätzen sind sieben Fehler versteckt. Beachte auch die Verbformen! Schreibe die verbesserten Sätze darunter.**

ACHTUNG FEHLER

Que font Sabine et son ami? – Elles regardent un film.

Vous travailler aujourd'hui, M. Petit? – Oui, nous travaille ce matin.

Les chats sont sur l'arbre. – Elles cherchent des souris.

Les élèves sont dans la cour. – Il est super.

On faisons un repas ensemble. Tu est d'accord? – Non, je travaille.

ÜBUNG 5 **Übersetze.**

Clara und Philippe kommen heute in Paris an. Sie besuchen Sacré-Cœur.

Suchen Sie den Louvre? – Nein, wir suchen den Eiffelturm.

Lädst du die Deutschlehrerin ein? – Nein! Ich lade den Englischlehrer ein.

Machen wir einen Spaziergang? – Einverstanden.

2.2 Possessivbegleiter

Du kennst bereits den bestimmten und den unbestimmten Artikel als Begleiter eines Substantivs.

le cahier – la carte – les livres
un cahier – une carte – des livres

Der **Possessivbegleiter** steht ebenfalls vor einem **Substantiv** und gibt den **Besitzer** an.

mon cahier – **ma** carte – **mes** livres

Ein Besitzer

Possessivbegleiter, die **einen Besitzer** angeben, lauten:

	m Sg.	f Sg.	m / f Pl.
je	***mon***	***ma***	***mes***
tu	***ton***	***ta***	***tes***
il / elle	***son***	***sa***	***ses***

Ein Besitztum:
Je cherche **mon** chien et **ma** souris.
Tu trouves **ton** livre et **ta** serviette.
Il / Elle regarde **son** pull et **sa** robe.

Im **Plural** gibt es jeweils nur **eine Form** für Maskulinum und Femininum *(mes, tes, ses)*.

Mehrere Besitztümer:
Voilà **mes livres.**
Où sont **tes** crayons?
Il / Elle fait **ses** devoirs

Steht der Possessivbegleiter im Singular vor einem Substantiv, das mit **Vokal oder stummem *h*** beginnt, so stehen immer ***mon, ton, son.*** Die Aussprache ist dann gebunden.

un ordinateur → **mon** ordinateur
une amie → **mon** amie
un hôtel → **mon** hôtel

Die Possessivbegleiter richten sich in **Numerus** (Singular oder Plural) und **Genus** (Maskulinum oder Femininum) stets nach dem **Besitz,** nicht nach dem Besitzer.

Il a **son** cahier, **sa** BD et **ses** livres.
Elle a **son** cahier, **sa** BD et **ses** livres.

Achtung: Bei der Übersetzung von *son, sa, ses* musst du aufpassen, ob sie sich auf eine männliche oder weibliche Person beziehen!

→ Er hat **sein** Heft, **seinen** Comic und **seine** Bücher.
→ Sie hat **ihr** Heft, **ihren** Comic und **ihre** Bücher.

Mehrere Besitzer

Possessivbegleiter, die **mehrere Besitzer** angeben, lauten:

	m / f Sg.	m / f Pl.
nous	***notre***	***nos***
vous	***votre***	***vos***
ils / elles	***leur***	***leurs***

Ein Besitztum:
Nous voyons **notre** maison.
Vous aimez **votre** appartement.
Ils / Elles aiment bien **leur** salon.

In Singular und Plural gibt es jeweils nur eine Form für Maskulinum und Femininum. Der **Numerus** (Anzahl) richtet sich nach dem **Besitz,** nicht nach dem Besitzer.

Mehrere Besitztümer:
Nous regardons **nos** pièces.
Vous comptez **vos** voitures.
Ils / Elles cherchent **leurs** livres.

Merke: Haben mehrere Personen einen Besitz, so stehen ***notre, votre, leur.*** Haben mehrere Personen mehrere Besitztümer, dann stehen ***nos, vos, leurs.***

notre
votre
leur
maison

nos
vos
leurs
maisons

Votre bzw. ***vos*** werden wie das Subjektpronomen ***vous*** in der **Höflichkeitsform** für den Besitz einer oder mehrerer Personen verwendet.

Vous avez **vos** portables?
→ Habt **ihr** *(= mehrere Personen)* **eure** Handys?
→ Haben **Sie** *(= eine oder mehrere entfernt stehende Personen)* **Ihre** Handys?

ÜBUNG 6 **Christine verreist und schreibt eine Packliste. Ergänze die Possessivbegleiter *mon, ma, mes*.**

Il faut ___ livres, ___ stylos, ___ agenda, ___ cartes, ___ robes, ___ cahier, ___ crayons, ___ bloc à dessin, ___ ordinateur, ___ portable, ___ CD, ___ cassettes, ___ journal et ___ amie Claire.

ÜBUNG 7 **Das Schuljahr fängt wieder an: *la rentrée des classes.* Ergänze die Possessivbegleiter *notre / nos* bzw. *votre / vos*.**

La mère et les enfants:

Vous avez ___ cahiers, ___ livres et ___ stylo? –

Oui, voici ___ cahiers, ___ livres, et ___ stylo.

Où sont ___ porte-monnaie, ___ crayon rouge et ___ feutres? –

Voici ___ porte-monnaie, ___ crayon rouge et ___ feutres.

Vous avez ___ sac à dos? – Oui, et nous avons aussi ___ casques.

ÜBUNG 8 **Pascal zeigt seinem Freund Claude Fotos seiner Familie. Ergänze fehlende Substantive sowie die Possessivbegleiter *mon, ma, mes* bzw. *ton, ta, tes*.**

Claude: C'est ___ ? – Pascal: Oui, c'est ___ .

Claude: Qui est-ce? C'est ___ tante? –

Pascal: Non, c'est ___

Claude: Et là? Qui est-ce? Ce sont ___ copains? –

Pascal: Non, ce sont ___ .

Claude: C'est ___ avec ___ ? –

Pascal: Oui, c'est ___ avec ___ parents.

Claude: C'est ___ ? – Pascal: Oui, c'est ___ avec ___ ordinateur.

ÜBEN

ÜBUNG 9 **Ergänze die Possessivbegleiter *son, sa, ses* und übersetze die Sätze anschließend in dein Übungsheft.**

Nadine habite à Paris. ______ collège est aussi à Paris.

Maintenant, Nadine est dans ______ chambre.

Elle cherche ______ CD de Louise Attaque et ______ cassettes de Corneille.

Elle regarde sous ______ lit. Ah, voilà ______ CD et ______ cassettes.

Luc habite à Obernai. ______ collège est à Strasbourg.

Maintenant, Luc est dans ______ chambre.

Il cherche ______ patins à roulettes. Il regarde sous ______ table.

Il trouve ______ photos et ______ cartes postales de Berlin.

ÜBUNG 10 **Ergänze die Possessivbegleiter *notre / nos, votre / vos, leur / leurs*.**

Nous faisons toujours ______ devoirs avec ______ copine.

Voilà Étienne et Laurette dans ______ chambre devant ______ ordinateurs.

Vous aimez ______ élèves, Madame Berthier et Monsieur Legrand? – Oui, nous aimons bien ______ élèves.

WISSEN +

Das **Pronomen „ihr“** kann sein:

- 2. Pers. Pl. des Subjektpronomens,
- Possessivbegleiter der 3. Pers. Sg. Femininum oder der 3. Pers. Pl.,
- Höflichkeitsform des Possessivbegleiters.

Vous êtes super!
Laurette et **son** ami dansent. – Les amis cherchent **leur** chat et **leurs** chiens.
M. Dubois, je vous invite, vous et **votre** femme, à prendre l'apéritif.

ÜBUNG 11 **Das schwierige Pronomen „ihr“: Übersetze in dein Übungsheft.**

Clara und ihr Bruder besuchen heute morgen ihre Tante.
Im Collège feiern die Schüler den Geburtstag ihres Lehrers.
Christine und Quentin, ihr seid sehr müde heute.
Frau Durand, wie geht es Ihrem Mann? – Danke, es geht ihm gut.
Mama schaut ihre Röcke an, weil sie ihren roten Rock sucht.

2.3 Demonstrativbegleiter

Mit dem **Demonstrativbegleiter** zeigt man auf eine Person oder Sache (vgl. im Deutschen „Demonstration“).

Tu veux **ce** pull ou **cette** chemise? (Willst du diesen Pulli oder dieses Hemd?)
Regarde **ces** magasins. (Schau dir diese Läden an!)

Die Demonstrativbegleiter richten sich in **Numerus und Genus** nach dem **Substantiv,** auf das sie sich beziehen.

Sie haben folgende **Formen:**

m Sg.	f Sg.	m / f Pl.
ce	***cette***	***ces***
cet		

Regarde **ce** pantalon.
Tu veux **cette** tomate?
Regardez **ces** pommes et **ces** citrons.

Ce bezieht sich auf maskuline Substantive im Singular, ***cette*** bezieht sich auf feminine Substantive.

Cet steht nur vor maskulinen Substantiven im Singular, die mit **Vokal** oder **stummem *h*** beginnen. Die Aussprache ist dann gebunden.

Tu veux acheter **cet** anorak?

Vous habitez dans **cet** hôtel?

Im **Plural** gibt es nur **eine Form** für Maskulinum und Femininum: ***ces.***

Achtung: Du musst unterscheiden zwischen ***ces*** und ***ses,*** denn beides wird gleich ausgesprochen:
ses copains – seine / ihre Freunde
ces copains – diese Freunde

Marc invite **ses amis.** [sezami]
Marc invite **ces amis.** [sezami]

ÜBUNG 12 **Ergänze die passenden Demonstrativbegleiter.**

____ restaurant	____ maisons	____ hôtel	____ arbre
____ rues	____ fleuve	____ magasins	____ place
____ cafés	____ musées	____ librairie	____ gare

ÜBUNG 13 ***Devinette* – Rätsel: Ergänze die Demonstrativbegleiter und finde die Lösung.**

Comment s'appelle ____ ville? –
C'est ____.

____ fleuve est entre la France et l'Allemagne. – C'est ____.

____ acteur joue le rôle d'Obélix. –
C'est ____.

____ jeune fille chante «Moi, Lolita». – C'est ____.

ÜBUNG 14 ***Un tour en ville* – ein Stadtbummel: Ergänze die Demonstrativbegleiter.**

1. Tu vois ____ portable? – Oui, il est extra.
2. Regarde ____ magasins: ____ jupe est super! – Oui, elle me plaît bien.
3. ____ pulls et ____ pantalons me plaisent aussi. – Oui, ils sont super.
4. Oh, ____ anorak! Il est chouette! – Mais regarde le prix. C'est trop cher.
5. Et ____ robes! – Tout ça, c'est trop cher. Rentrons à la maison.

ÜBUNG 15 **Unterscheide *c'est, ce, cet, ces* und *ses*. Verbessere die folgenden Sätze und schreibe sie richtig in dein Übungsheft.**

ACHTUNG FEHLER

Pascal et ces parents passent les vacances en France.
Ce mon oncle.
Regarde ses ordinateurs dans ce magasin.
Cet le voisin de Mme Arnaud.
C'est anorak me plaît.

ÜBEN

2.4 Objektpronomen

Ein direktes Objekt kann durch ein direktes **Objektpronomen** ersetzt werden. Du erkennst das **direkte Objekt** im Französischen daran, dass es sich **ohne Präposition** an das Verb anschließt. Meist lässt sich nach dem direkten Objekt wie im Deutschen mit „wen oder was?“ fragen.	Vous dessinez <u>le chat</u>? – Oui, nous **le** dessinons. Et toi, tu dessines <u>Pierre</u>? – Oui, je **le** dessine. Tu regardes <u>la BD</u>? – Oui, je **la** regarde. Vous rencontrez <u>Nicole</u>? – Oui, nous **la** rencontrons.
Objektpronomen: ***me*** mich / mir ***te*** dich / dir ***le*** ihn / ihm ***la*** sie / ihr ***nous*** uns ***vous*** euch / Sie / Ihnen ***les*** sie / ihnen	Mon ami **me** regarde. Il **m'**adore. Mama **te** cherche. Elle **t'**apporte un jus. Tu aimes ce fromage? – Non, je **le** déteste. Où est Amélie? – **La** voilà. Il **nous** appelle souvent. Je **vous** trouve extra. Tu passes les vacances en France? – Oui, je **les** passe à Paris.
Die Objektpronomen ***me, te, le, la*** werden vor Vokal und stummem *h* apostrophiert: ***l'*** kann für ***le*** oder ***la*** stehen. *Achtung:* Verwechsle ***le, la, les*** nicht mit dem bestimmten Artikel!	Tu **m'**invites à ton anniversaire? – Bien sûr, je **t'**invite. Tu invites aussi Pierre? – Oui, je **l'**invite et Barbara, je **l'**invite aussi.
Die Objektpronomen stehen im Französischen in der Regel **vor dem konjugierten Verb.** *Merke:* Bei Verben mit Infinitivergänzung (z. B. *pouvoir, savoir, vouloir, aller*) steht das Objektpronomen **vor dem Infinitiv.** Die Stellung des Objektpronomens ist hier keine Ausnahme, denn es steht vor dem Verb, auf das es sich sinngemäß bezieht.	Sabine **te** cherche. Tu **m'**écoutes? Sabine peut **te** chercher. Tu veux **m'**écouter? (m' *ist Objekt zu* écouter, *nicht zu* vouloir)
Die **Verneinung** umklammert die Pronomen und das konjugierte Verb. *Merke:* Auch bei Verben mit Infinitivergänzung umklammert die Verneinung das konjugierte Verb und somit nicht das Objektpronomen, das vor dem Infinitiv steht.	Il **ne me regarde pas.** Il **ne veut pas me** regarder.

ÜBUNG 16 **Ersetze die rot gedruckten direkten Objekte durch Objektpronomen.**

Michel mange les frites. ✓

Monique donne le livre à Pascal. ✓

Vous mangez vos croissants.

Tu visites les musées aujourd'hui? ✓

On aide Madeleine. ✓

ÜBUNG 17 ***Devinette*** **– Rätsel: Finde die Substantive.**

On le mange pour le petit déjeuner:

On les trouve à l'école:

Les chiens les détestent:

On la fait avec des pommes:

Les chats les aiment bien:

ÜBUNG 18 **Beantworte die Fragen und ersetze dabei die rot hervorgehobenen direkten Objekte durch Objektpronomen.**

Vous passez vos vacances en Espagne? – Oui, nous ~~vos passez en~~ les passons en Espagne.

Les élèves écoutent le prof? – Oui, les élèves ~~le~~ l'~~écoutent~~ écoutent. ✓

Tu vois la rose? – Oui, je ~~vois~~ la vois ✓

Nos amis trouvent le monument? – Oui, vos amis le trouvent ✓

On appelle Claude et Pierre? – Oui, on ~~appelle~~ les appelle ✓

Vous attendez Monique? – Oui, Nous ~~la~~ l'attendons ✓

Elle aime les carottes? – Oui, ~~Elle~~ ~~Elle~~ Elle les aime ✓

ÜBEN

ÜBUNG 19 **Beantworte die Fragen verneint und ersetze die rot gedruckten direkten Objekte durch Objektpronomen.**

Regarde les fleurs et les arbres.

Non, ____________________

Vous voyez la chaise derrière la table?

____

Tu comprends ce monsieur?

____

Elles entendent bien la musique?

____

Ils aiment le coq au vin?

____

ÜBUNG 20 **Ergänze die Objektpronomen *me, te, nous, vous*.**

1. Je ne ______ aime plus. Tu ______ écoutes? Tu ______ comprends?
2. Oui, je ______ écoute, mais je ne ______ comprends pas! Mais pourquoi? Je ______ aime et je ______ adore. Je ______ porte toujours du fromage.
3. Non, tu ______ détestes parce que tu manges toujours mon fromage préféré.
4. Non, ce n'est pas vrai. C'est Ludovic. Il ______ agace *(ärgern)*.
5. Ah, voilà Ludovic et son copain! Vous ne ______ agacez plus. Ça suffit maintenant.

ÜBUNG 21 **Bilde Frage und Antwort aus den vorgegebenen Wörtern.**

pouvoir – tu – visiter – le musée / oui – je – pouvoir – visiter – le

____

vouloir – vous – l'Arc de Triomphe (m) – regarder / oui – nous – vouloir – regarder – le

____

____

ÜBUNG 22 ***Faire les courses:*** **Ersetze das direkte Objekt in der Antwort und achte auf die richtige Satzstellung und die richtigen Verbformen.**

1. Les oranges sont extra! Tu veux acheter ces oranges?

   Ah non,

2. Et les citrons? Tu aimes ces citrons?

   Non,

3. Mais tu vas prendre les avocats, je pense?

   Oui,

4. Tu vois ce gâteau gigantesque là-bas?

   Non,

5. Regarde la tarte. Elle est super. Il faut acheter cette tarte.

   Oui,

ÜBUNG 23 **Hier sind sieben Fehler versteckt! Markiere sie und verbessere die Sätze, indem du sie richtig in dein Übungsheft schreibst.**

ACHTUNG FEHLER

Les plantes? Je ne la vois pas.

Tu cherche ton ami? – Non, je la ne cherche pas.

Vous donnez les cadeaux à Luc? – Non, je ne le donne pas, je le garde.

Maman veut acheter les CD? – Non, elle ne les veut pas acheter.

ÜBUNG 24 ***Le pique-nique des Durand:*** **Übersetze die folgenden Sätze und schreibe sie in dein Übungsheft.**

Mme Durand: Bereitest du den Rucksack *(le sac à dos)* vor, Julie?
Julie: Ja, ich bereite ihn vor.
Mme Durand: Hast du das Brot?
Julie: Da ist es! Wo sind die Getränke? Wir müssen sie suchen.
Mme Durand: Da sind sie! Aber der Käse? Ah, ich sehe ihn. Und wo ist der Apfelkuchen?
Julie: Da ist er! Jetzt müssen wir auf unsere Freunde warten. Rufst du sie?
Mme Durand: Ja, ich werde sie rufen.

ÜBEN

Check-up Pronomen

45 Minuten

AUFGABE 1 **Trage die fehlenden Pronomen in die Tabelle ein.**

	Subjektpronomen	Direktes Objektpronomen	Possessivbegleiter
1. Pers. Sg.	je		
2. Pers. Sg.			
3. Pers. Sg. m		le	
3. Pers. Sg. f			
1. Pers. Pl.			notre, nos
2. Pers. Pl.			
3. Pers. Pl. m			
3. Pers. Pl. f			

AUFGABE 2 **Ergänze die fehlenden Possessivbegleiter.**

Voici des photos de la famille de Pierre: C'est ____ mère, et là, ce sont ____ père, ____ grands-parents, ____ sœur, ____ frère, ____ oncles et ____ tante. – Quelle grande famille!

Voilà la maison des Durand: C'est ____ salon, voici ____ salles de bains, ____ cuisine, ____ chambres et ____ jardin.

Nous habitons ici: voilà ____ maison, ____ chambres et ____ salon.

AUFGABE 3 **Ergänze die fehlenden Demonstrativbegleiter.**

Le guide montre les curiosités *(Sehenswürdigkeiten)* de Paris aux touristes: «Regardez ____ musée, ____ maisons, ____ rue, ____ parc, ____ château, ____ hôtel, ____ arc et ____ bouquinistes *(Buchhändler)*.»

TESTEN

AUFGABE 4 **Bilde aus den Wörtern Sätze und schreibe sie in dein Übungsheft.**

donne – la – il – Mme Dubois – à
acheter – ne – pas – les – tu – marché – vas – au
explique – le – ne – pas – à – elle – élève – son

AUFGABE 5 **Ersetze die rot markierten Substantive durch Pronomen.**

Mme Dubois et M. Lacombe racontent l'histoire à Martina.

Luc et Pierre donnent les cartes postales à maman.

Mes copines cherchent les casques sous la table.

Les Durand vont faire un tour ce soir.

Ton père et ta sœur prennent le petit-déjeuner à sept heures du matin.

AUFGABE 6 **Beantworte folgende Fragen mit Verneinung und ersetze die rot markierten Substantive durch Pronomen.**

Luc va manger les pommes?

Les professeurs veulent expliquer l'exercice aux élèves?

Yannik et Sarah peuvent regarder la télé?

Il faut acheter la maison?

AUFGABE 7 **Übersetze die folgenden Sätze und schreibe sie in dein Übungsheft.**

Da sind Pierre und Luc. Geht ihr in ihr Haus oder in euer Haus?
Martina und ihre Schwester gehen heute zu ihrer Tante Mireille.
Willst du diese Wohnung kaufen? – Ich werde sie natürlich kaufen.
Kann ich Ihnen helfen? – Nein, Sie können mir nicht helfen.
Wir lieben Pommes frites. Mögt ihr sie auch? – Wir mögen sie sehr. Wir können sie immer essen.

3 Verben

3.1 Verben auf *-er*

Bei Verben unterscheidet man die **konjugierten** (gebeugten) Formen mit einem Subjektpronomen und den **Infinitiv** (Grundform).
Jede Verbform gliedert sich in **Verbstamm** und **Endung.** Den Verbstamm erhältst du, indem du die Infinitivendung weglässt.

Konjugierte Form:
il regarde (er schaut an)

Infinitiv:
regard-er (anschauen)
Stamm *Endung*

Die meisten Verben im Französischen enden im Infinitiv auf *-er.* Im **Präsens** haben sie die folgenden Endungen:

*je regard**e***	*nous regard**ons***
*tu regard**es***	*vous regard**ez***
*il / elle / on regard**e***	*ils / elles regard**ent***

Je dessin**e** une voiture.
Tu écout**es** la musique de Faudel.
Il aim**e** la nature.
Nous travaill**ons** ensemble.
Vous pos**ez** une question.
Ils parl**ent** le français.

Merke: Vor einem **Vokal** oder **stummem *h*** wird ***je*** zu ***j'***. ***Tu*** wird nie apostrophiert.

J'aime la télé. – **J'**habite à Lyon.
Tu aimes la télé. – **Tu** habites à Lyon.

Die Verben *manger* und *commencer* weisen eine Besonderheit auf: Zur Beibehaltung der **Aussprache** steht in der 1. Person Plural *(nous)* vor der Endung
- ein ***e*** bei ***manger*** (ebenso: *ranger*) und
- eine *cédille* ***ç*** bei ***commencer.***

je mange [mɑ̃ʒ]
nous mang**e**ons [mɑ̃ʒɔ̃]
nous rang**e**ons [ʀɑ̃ʒɔ̃]

je commence [kɔmɑ̃s]
nous commen**ç**ons [kɔmɑ̃sɔ̃]

Bei den Verben ***acheter*** (kaufen), ***payer*** (zahlen), ***préférer*** (lieber mögen) ändert sich der Verbstamm, wenn nicht die Endung, sondern der **Stamm betont** wird:
- **endungsbetont** (Infinitiv, *nous, vous*):
achet- [aʃt-],
pay- [pɛj-],
préfér- [pʀefeʀ-];
- **stammbetont** (*je, tu, il / elle / on, ils / elles*):
achèt- [aʃɛt-],
pai- [pɛ-],
préfèr- [pʀefɛʀ-].

acheter:

j'ach**è**te	nous ach**e**tons
tu ach**è**tes	vous ach**e**tez
il / elle / on ach**è**te	ils / elles ach**è**tent

payer:

je pa**i**e	nous pa**y**ons
tu pa**i**es	vous pa**y**ez
il / elle / on pa**i**e	ils / elles pa**i**ent

préférer:

je préf**è**re	nous préf**é**rons
tu préf**è**res	vous préf**é**rez
il / elle / on préf**è**re	ils / elles préf**è**rent

ÜBUNG 1 **Ergänze die entsprechenden Verbformen. Achte auf die Verben, die mit Vokal oder stummem *h* beginnen.**

dessiner	nous dessinons	ils dessinent	on dessine
poser	elle pose	vous posez	je pose
habiter	j'habite	tu habites	nous habitons
aimer	il aime	ils aiment	tu aimes
chercher	je cherche	nous cherchons	ils cherchent
trouver	tu trouves	vous trouvez	elles trouvent

ÜBUNG 2 **Verbinde die Verbformen mit den passenden Subjektpronomen. Schreibe sie in dein Übungsheft.**

entre, chantez, ramassent, regarde, marchons, poses

je, nous, tu, j', vous, elles

ÜBUNG 3 **Ergänze die Endungen.**

Maman racont e une histoire.

Tu dans es avec moi?

On jou e au foot ou au tennis?

Luc et Pierre parl ent beaucoup.

Nous regard ons par la fenêtre.

Elles habit ent à Paris.

ÜBUNG 4 **Setze die angegebenen Verben in der richtigen Form ein.**

Tu dessines la nature. (dessiner)

Aujourd'hui, je travaille. (travailler)

Les élèves écoutent le prof. (écouter)

Ce soir, nous arrivons à Nice. (arriver)

Tout à coup, le téléphone sonne. (sonner)

Vous préférez le café ou le thé? (préférer)

ÜBUNG 5 **Welche Verben sind hier versteckt?**

Magali, tu uoejs avec nous?

Je iepa les photos des vacances.

Super! Des crêpes! J'doaer les crêpes.

Nous étdestson les contrôles de maths.

Vous nertze dans la pièce.

ÜBUNG 6 **Suche jeweils das passende Verb und setze es in der richtigen Form ein.**

acheter – acheter – rester – écouter – manger – regarder – aimer – adorer – travailler – travailler

C'est dimanche. Nous ______ à la maison.

Pascal ______ la télé. Il y a un film avec Jean Reno.

Il ______ cet acteur.

Dans le salon, Nadine et Pascal ______ des CD de Jacques Brel.

Maman et papa ______ dans le jardin.

Ils ______ bien la nature.

Moi, je ______ pour le collège.

À midi, nous ______ au restaurant «Le Lion d'Or».

Ce soir, nous ______ des billets pour le cinéma.

Après, Pascal ______ des frites.

ÜBUNG 7 **Übersetze die folgenden Sätze und schreibe sie in dein Übungsheft.**

Wir sprechen mit unseren Freunden.
Sabine und Pierre arbeiten zusammen.
Heute Abend schaue ich einen Film im Kino an.
Yasmina, kommst du herein? Das Telefon klingelt. – Ja, ich komme. *(arriver)*
Mögt ihr lieber Hörnchen oder Bananen ? – Wir mögen lieber Bananen.
Kaufen Sie ein Heft? – Nein, ich kaufe ein Buch.
Zuerst essen wir und danach beginnen wir mit der Arbeit.

3.2 Verben auf *-ir*

Von den Verben auf *-ir* gibt es nur wenige. Sie haben die Endungen ***-s, -s, -t, -ons, -ez, -ent.*** Im Singular fällt der Endkonsonant des Verbstamms weg, im Plural bleibt er erhalten.

sortir: je sor**s** – nous sor<u>t</u>**ons**
partir: je par**s** – nous par<u>t</u>**ons**
dormir: je dor**s** – nous dor<u>m</u>**ons**

Sie werden im Präsens folgendermaßen konjugiert:

sortir (ausgehen):

je sors	*nous sortons*
tu sors	*vous sortez*
il / elle / on sort	*ils / elles sortent*

Lundi, tu sor**s** avec moi.
Il sor**t** aujourd'hui.
Nous sort**ons** avec la voiture.
Vous sort**ez** avec nous?
Nos amis sort**ent** avec les frères de Luc.

partir (weggehen):

je pars	*nous partons*
tu pars	*vous partez*
il / elle / on part	*ils / elles partent*

Je par**s** à Paris, et toi, tu par**s** à Lyon?
Aujourd'hui, nous part**ons** en vacances.
Les Dubois part**ent** lundi.
Mon ami par**t** à Nice mardi.

dormir (schlafen):

je dors	*nous dormons*
tu dors	*vous dormez*
il / elle / on dort	*ils / elles dorment*

Tu dor**s** encore?
Nous ne dorm**ons** pas mais vous dorm**ez**.
Les professeurs dorm**ent** ce matin.
Le chien dor**t** sur le sofa.

Das Verb ***ouvrir*** (öffnen) ist **unregelmäßig**. Es wird wie die Verben auf *-er* konjugiert:

j'ouvre	*nous ouvrons*
tu ouvres	*vous ouvrez*
il / elle / on ouvre	*ils / elles ouvrent*

J'ouvr**e** la bouteille.
Tu ouvr**es** la porte?
Il ouvr**e** son cahier.
Nous ouvr**ons** les fenêtres.
Vous ouvr**ez** vos livres.
Ils n'ouvr**ent** pas les cahiers.

Merke: Das Verb ***offrir*** (anbieten) wird genauso konjugiert!

J'offr**e** une limonade à mon frère.
Ils offr**ent** un thé à Marie.

WISSEN

ÜBUNG 8 Ergänze die passende Verbform.

sortir	nous	ils	je
ouvrir	je	vous	elle
dormir	tu	il	ils
partir	vous	tu	nous

ÜBUNG 9 Bilde die angegebene Präsensform.

elle ouvre —nous→ nous ouvrons   manger → nous

commencer → ______   tu → ______

partir → ______   elles → ______   offrir → ______

je → ______   sortir → ______   vous → ______

dormir → ______   je → ______   partir → ______

ÜBUNG 10 Die Wortschlange enthält 13 Verbformen. Schreibe die Verben mit den ergänzten Subjektpronomen in dein Übungsheft. Bei manchen Formen gibt es mehrere Möglichkeiten für das Subjektpronomen.

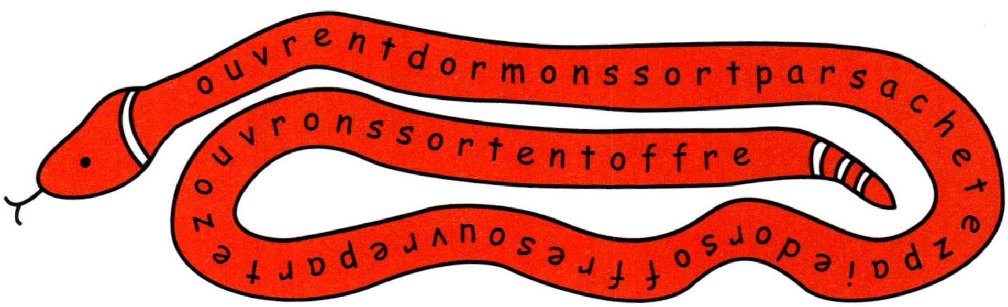

ÜBUNG 11 Ergänze die fehlenden Verbformen.

Cet après-midi, maman ______ (dormir) beaucoup.

Ce soir, je ______ (sortir) avec mon amie.

Tu ______ (ouvrir) la porte?

À midi, nous ______ (offrir) un café à Paul.

ÜBEN

ÜBUNG 12 **Beschreibe die Bilder und verwende dabei Verben auf *-ir*.**

Nadine ______

Pierre ______

Sabine ______ Sandra.

Le bébé ______

Le matin, les fantômes ______

ÜBUNG 13 **Im Wortspeicher findest du nicht nur richtige Verbformen, sondern auch fünf falsche. Streiche die falschen Formen durch und trage sie unten richtig ein. Aus den markierten Feldern ergibt sich ein Lösungswort.**

je porte – tu offre – elle achète – j'ouvres – vous sortez – il dort – nous mangeons – il ouvrent – ils partent – tu regarde – tu sors – vous paiez – nous commençons

1. ______

2. ______

3. ______

4. ______

5. ______

Lösungswort: L

ÜBUNG 14 **Übersetze die folgenden Sätze und schreibe sie in dein Übungsheft.**

Wir öffnen die Tür.
Du bietest Claire einen Kuchen an.
Heute schlafen die Kinder schnell.
Er geht heute Abend mit seinen Freunden aus.
Um sieben Uhr fahren wir in die Ferien.
Meine Eltern bieten uns eine Limonade an.
Ich schlafe in deinem Bett.

3.3 Verben auf *-dre*

Die Verben auf *-dre* sind die zweite große Verbgruppe neben den Verben auf *-er*. Sie werden folgendermaßen konjugiert:

répondre (antworten):

je réponds	*nous répondons*
tu réponds	*vous répondez*
il / elle / on répond	*ils / elles répondent*

Merke: Im Präsens haben die Verben auf ***-dre*** die Endungen ***-s, -s, –, -ons, -ez, -ent.*** Das ***-d*** des Verbstamms bleibt in allen Formen erhalten, wird aber nur bei den Pluralendungen ***-ons, -ez*** oder ***-ent*** ausgesprochen.

Je te répond**s** tout de suite.
Il répon**d**: «Bonjour!»
Vous répond**ez** à la question du prof?
Oui, nous répond**ons.**

-d *nicht hörbar:*
je réponds
tu réponds
il répond
} [ʀepɔ̃]

-d *hörbar:*

nous répon**d**ons	[ʀepɔ̃dɔ̃]
vous répon**d**ez	[ʀepɔ̃de]
ils répon**d**ent	[ʀepɔ̃d]

Folgende Verben werden ebenso konjugiert:
attendre (warten), ***descendre*** (aussteigen, hinuntergehen), ***entendre*** (hören), ***perdre*** (verlieren), ***vendre*** (verkaufen).

J'attend**s** Marc.
Oh! Tu perd**s** tes chaussures.
Mme Bruel descen**d** de la voiture.
Il enten**d** un bruit.
Ils vend**ent** des baguettes.
Pascal me ren**d** le livre.

Das Verb ***prendre*** (nehmen) stellt eine Ausnahme dar: Nur im Singular ist es regelmäßig, im **Plural fällt das *-d* weg:**

je prends	*nous prenons*
tu prends	*vous prenez*
il / elle / on prend	*ils / elles pre<u>nn</u>ent*

Ebenso werden konjugiert:
comprendre (verstehen) und ***apprendre*** (lernen, erfahren).

Je prend**s** un café.
Vous pren**ez** aussi un café?
Non, nous pren**ons** un coca.

Tu me comprend**s**?
Oui, je te comprend**s**.
Mes parents comprenn**ent** l'allemand.

Vous appren**ez** l'anglais?
Non, nous appren**ons** le français.

ÜBUNG 15 **Finde die fehlenden Buchstaben.**

1. tu pr _ _ _ s
2. il p _ _ _ d
3. nous p _ _ n _ _ s
4. elles v _ _ d _ _ _
5. ils desc _ _ _ ent
6. je _ _ po _ d _
7. on a _ _ e _ d
8. vous _ ren _ _
9. tu _ tt _ _ _ s
10. il r _ _ on _
11. nous a _ _ e _ do _ _
12. elles _ erd _ _ _
13. je _ e _ c _ _ d _
14. vous _ erd _ _
15. elle _ end
16. je c _ _ pr _ _ _ _

X **ÜBUNG 16** **Bilde die entsprechende Verbform.**

attendre: nous attendons ✓	vend: vous
vendre : tu ~~att~~ vends ✓	attendre: ils
perdre : ils perd	apprendre: tu
rendre : vous rendez	comprendre: il
entendre: je entends ✓	prendre: nous
répondre: elles réponnent	apprendre: ils
perdre : nous perdons ✓	prendre: je

ÜBUNG 17 **Die Subjektpronomen sind verloren gegangen: Trage sie jeweils zu dem Verb in der Wolke ein. Es kann auch mehrere Möglichkeiten geben.**

prends

apprenons

prennent

perd

ÜBEN

ÜBUNG 18 *Salade de lettres* – **Buchstabensalat: Finde die richtigen Verbformen.**

Les touristes tnedencsde du métro.

Aujourd'hui, nous osndrne les livres d'allemand au prof.

Mireille dnttea ses amis.

Nous rpneosmcon la grammaire.

Tu tednsen le téléphone?

ÜBUNG 19 **Sieh dir die Bilder an und ergänze die Sätze.**

Manon et Luc

«Madame, vous ?»

Mme Dubois

Pierre

ÜBUNG 20 **Ergänze die Sätze mit Verben aus dem Wortspeicher.**

apprendre – prendre – prendre – vendre – comprendre – attendre

J'arrive tout de suite. Tu , Marianne?

Vous des fruits ou des légumes?

Tu la leçon d'anglais?

Maintenant, nous l'allemand.

Isabelle un chocolat.

Les élèves les livres.

ÜBUNG 21 **Welches Verb auf *-dre* passt in die Lücke?**

Où sont les amis? On ______ déjà depuis une heure.

Tu ______ la musique? C'est une chanson d'Édith Piaf.

Je ne trouve pas mon stylo! – Tu ______ tout *(alles)*.

Regardez! Mme Dubois ______ du métro.

Au marché, on ______ des tomates.

Oh, les maths! Vous ______ les maths? – Oui, nous ______ les problèmes de maths.

Nos amis ______ un thé et un sandwich et nous ______ un café et une tarte aux pommes.

Marc et Yvonne ______ l'anglais.

ÜBUNG 22 **Bilde Sätze.**

apprendre – les élèves – la géographie – ce matin

Ce matin les élèves apprennent la géo

vendre – nous – la maison – de Pauline

Nous vendons la maison de P.

prendre – mes parents – le café – au bistrot

Mes parents prennent le café au bistrot

comprendre – tu – ma question – ?

Tu comprends ma question?

prendre – nous – le métro

~~nous~~ Nous prennons le métro

ÜBUNG 23 **Übersetze die folgenden Sätze. Schreibe in dein Übungsheft.**

Meine Brüder lernen immer für die Schule.
Sie verstehen die Hausaufgaben und verlieren die Bücher nicht.
Sie antworten unserem Lehrer immer.
Montags nehmen sie den Bus.
Ich lerne nicht und ich antworte unserem Lehrer nicht.

3.4 Unregelmäßige Verben

Die am häufigsten gebrauchten **unregelmäßigen Verben** sind ***être*** (sein), ***avoir*** (haben) und ***faire*** (machen, tun):

être

je suis	*nous sommes*	Je **suis** Christian. – Tu **es** de Lyon? – Il **est** prof. – On **est** d'accord. – Nous **sommes** là. – Vous **êtes** au collège. – Ils **sont** super.
tu es	*vous êtes*	
il / elle / on est	*ils / elles sont*	

avoir

j'ai	*nous avons*	J'**ai** mal à la tête. – Tu **as** un cadeau. – Il **a** une voiture. – Nous **avons** faim. – Vous **avez** soif. – Elles **ont** cours.
tu as	*vous avez*	
il / elle / on a	*ils / elles ont*	

faire

je fais	*nous faisons*	Je **fais** de la musique. – Tu **fais** du sport? – Elle **fait** des photos. – Nous **faisons** du tennis. – Vous **faites** vos devoirs? – Ils **font** attention.
tu fais	*vous faites*	
il / elle / on fait	*ils / elles font*	

Achtung: Bei ***ils sont*** stimmloses *s*, bei ***ils ont*** stimmhaftes *s*.

Ils **sont** à la maison. [ilsɔ̃]
Ils **ont** soif. [ilzɔ̃]

Auch ***pouvoir*** (können), ***vouloir*** (wollen) und ***savoir*** (können) sind unregelmäßig:

pouvoir

je peux	*nous pouvons*	Je **veux** un café. – Tu **veux** aussi un café? – Elle **veut** regarder la télé. – Nous **voulons** manger. – Vous **voulez** un coca? – Ils **veulent** travailler.
tu peux	*vous pouvez*	
il / elle / on peut	*ils / elles peuvent*	

vouloir

je veux	*nous voulons*	Je **peux** chanter. – Tu **peux** écrire une lettre. – Il **peut** danser. – Nous **pouvons** dormir ici? – Vous **pouvez** venir? – Ils ne **peuvent** pas venir.
tu veux	*vous voulez*	
il / elle / on veut	*ils / elles veulent*	

savoir

je sais	*nous savons*	Je ne **sais** pas la réponse. – Tu **sais** la réponse? – Elle **sait** l'allemand? – Nous **savons** nager. – Vous **savez** l'arrivée du bus? – Elles **savent** l'espagnol.
tu sais	*vous savez*	
il / elle / on sait	*ils / elles savent*	

Achtung: Die Verben ***pouvoir*** und ***vouloir*** haben im Singular die Endungen ***-x, -x, -t***. ***Savoir*** hat zwar einen ähnlichen Infinitiv, wird aber anders konjugiert!

Den Verben ***pouvoir, vouloir*** und ***savoir*** folgt häufig ein Infinitiv (↑ Kap. 4.1).

Il **peut ouvrir** la bouteille.
Elle **veut fermer** la porte.

Beachte den Bedeutungsunterschied:

- ***pouvoir:*** *können* im Sinne von „in der Lage sein, etwas zu tun“,
- ***savoir:*** *wissen* bzw. *können,* da man es gelernt hat.

Je **peux venir** aujourd'hui. (Ich kann heute kommen, weil ich Zeit habe.)
Je **sais nager.** (Ich kann schwimmen, weil ich es gelernt habe.)

Die Verben ***aller*** (gehen) und ***venir*** (kommen) sind ebenfalls unregelmäßig:

aller

je vais	*nous allons*
tu vas	*vous allez*
il / elle / on va	*il / elles vont*

Je **vais** à la maison. – Tu **vas** au collège. – Il **va** à Paris. – Nous **allons** à la boulangerie. – Vous **allez** bien? – Elles **vont** au magasin.

venir

je viens	*nous venons*
tu viens	*vous venez*
il / elle / on vient	*ils / elles viennent*

Je **viens** de l'école. – Tu **viens?** – Elle **vient** de Paris. – Nous **venons** de la plage. – Vous **venez** ce soir? – Ils **viennent** à la fête.

Die folgenden Verben enden zwar alle auf ***-re,*** haben aber im Singular und im Plural verschiedene Stämme:

mettre (legen)

je mets	*nous mettons*
tu mets	*vous mettez*
il /elle /on met	*ils /elles mettent*

Je **mets** le cahier sur la table. – Tu **mets** ton pull? – Il **met** les pantalons dans l'armoire. – Vous **mettez** les cahiers sur la table? – Non, nous **mettons** les livres sur la chaise.

écrire (schreiben)

j'écris	*nous écrivons*
tu écris	*vous écrivez*
il /elle /on écrit	*ils /elles écrivent*

J'**écris** une lettre. – Tu **écris** une carte postale. – Elle **écrit** à son amie. – Nous **écrivons** à Pauline. – Vous **écrivez** à Paul? – Ils **écrivent** un livre.

lire (lesen)

je lis	*nous lisons*
tu lis	*vous lisez*
il /elle /on lit	*ils /elles lisent*

Je **lis** un prospectus. – Et toi, tu **lis** un journal? – Il **lit** un livre. – Nous **lisons** une lettre. – Vous **lisez** un livre? – Ils **lisent** un roman.

dire (sagen)

je dis	*nous disons*
tu dis	*vous dites*
il /elle /on dit	*ils /elles disent*

Je **dis** bonjour au prof. – Tu **dis** au revoir? – Elle **dit** la vérité. – Nous **disons** salut. – Vous ne **dites** rien. – Elles **disent** bonjour.

ÜBUNG 24 Ordne die Formen von *avoir* und *être* aus dem Wortspeicher und verteile sie auf die Tabelle. Schreibe die Subjektpronomen dazu.

sont – ont – a – suis – es – ai – avons – est – as – êtes – avez – sommes

avoir	être

ÜBUNG 25 Setze das Verb *faire* in der richtigen Form ein.

1. Qu'est-ce que tu fais ✓ aujourd'hui?
2. Je fais ✓ de la musique.
3. Et ta mère? Que ~~fais~~ fait ✓ ta mère?
4. Ma mère et mon père ~~faz~~ font ✓ les devoirs de maths pour moi.
5. Quelle chance! Nous faisons ✓ nos devoirs et nos parents font ✓ du sport!

ÜBUNG 26 Welches Verb passt in die Lücke: *être, avoir* oder *faire?*

1. Où sont mes pantalons?
2. Tu fais des courses *(Einkäufe)* ce matin?
3. Vous êtes de Paris?
4. Tu fais tes devoirs? – Non, j'écoute la radio.
5. Mes grands-parents ~~ax~~ ont une maison en Provence.

WISSEN +

Im Französischen gibt man das **Alter** mit *avoir* an. Merke dir als Eselsbrücke: „Man hat das Alter auf dem Buckel."

Vous **avez** quel âge? (Wie alt **seid** ihr / **sind** Sie?)
J'**ai** 12 ans. (Ich **bin** 12 Jahre alt.)

ÜBUNG 27 **Wie alt sind die Personen? Bilde Sätze.**

nous: 13 → ______

Monique: 16 → ______

mes grands-parents: 65 → ______

ÜBUNG 28 **Ergänze die richtige Form von *aller*.**

Pascal: Salut, Laurence! Ça va ✓ ?

Laurence: Ça va ✓ bien, et toi?

Pascal: J'ai mal à la tête *(Kopfschmerzen)*. Aujourd'hui, je vais ✓ chez le médecin.

Laurence: Tu vas ✓ chez le médecin, et après, nous ~~vas~~ allons ✓ au café.

WISSEN+

***aller à* oder *aller chez*?**

Die Präposition ***à*** steht bei **Ortsangaben,** die Präposition ***chez*** bei **Personen.**	Il va **à la boulangerie.** (in die Bäckerei) Elle va **chez le boulanger.** (zum Bäcker) Je vais **au collège.** – Tu vas **chez le prof.**

ÜBUNG 29 **Verwende das Verb *aller* mit den Präpositionen *à* oder *chez* und bilde Sätze mit den vorgegebenen Wörtern.**

1. Luc – le dentiste *(Zahnarzt)*: ______
2. les touristes – la tour Eiffel: ______
3. nous – le parc: ______
4. Sabine – la boulangerie: ______
5. vous – Pierre: ______
6. ils – vouloir – la maison: ______
7. je – vouloir – le médecin: ______
8. nous – vouloir – la papeterie: ______

ÜBUNG 30 **Finde im Gitter vier Formen von *pouvoir* und fünf Formen von *vouloir*. Es sind auch Formen von unten nach oben versteckt. Schreibe sie zusammen mit den Subjektpronomen auf.**

B	S	P	X	T	P	E	U	X	H	U	L	L	P
Z	T	F	G	V	O	U	L	E	Z	P	Y	B	N
L	K	J	H	G	U	Z	E	U	R	E	M	D	N
W	Q	V	T	Z	V	O	Y	V	E	U	X	E	Z
O	P	E	W	E	O	S	P	U	T	V	E	U	T
V	O	U	L	O	N	S	P	R	T	E	V	L	U
H	M	L	L	E	S	A	B	M	B	N	E	C	E
U	E	E	A	Z	U	O	P	Q	U	T	P	U	P
J	L	N	T	B	B	A	M	V	G	E	U	L	R
C	X	T	P	E	U	S	V	E	U	L	E	Z	T

WISSEN +

Wenn man einen **Wunsch** höflich ausdrücken möchte, so verwendet man nicht ***je veux***, sondern ***je voudrais***. Man spricht dann von Konditional bzw. *le conditionnel*.

Le voleur dit: «**Je veux** votre porte-monnaie.» (ich will)

Mme Leclerc est au marché. Elle dit: «**Je voudrais** des tomates.» (ich möchte)

ÜBUNG 31 **Übersetze die folgenden Sätze.**

Mein Freund kann jetzt seine Hausaufgaben machen. *(Da er jetzt Zeit hat.)*
Kannst du Französisch? – Ja, ich kann Französisch.
Ich möchte gerne einen Apfel.
Meine Tante ist schon 83 Jahre alt.
Macht ihr eure Hausaufgaben bei Pierre?
Sie lesen Bücher.
Ihr sagt die Wahrheit.
Sie legen den Rucksack auf den Tisch.
Wir schreiben einen Brief.

Check-up Verben

45 Minuten

AUFGABE 1 **Ergänze die fehlenden Formen.**

répondre

perdre	nous	**comprendre**	il
sortir	elle	**aller**	je
acheter	je	**pouvoir**	tu
faire	vous	**ouvrir**	il
être	vous	**manger**	tu

attendre manger

AUFGABE 2 **Ergänze die fehlenden Verbformen. Aus den Buchstaben in den markierten Feldern ergibt sich ein Lösungswort.**

1. **vouloir:** elle
2. **dormir:** vous
3. **pouvoir:** nous
4. **partir:** ils
5. **attendre:** tu
6. **dire:** je
7. **faire:** on
8. **faire:** nous
9. **apprendre:** elles
10. **lire:** vous

AUFGABE 3 **Ergänze die Sätze mit den angegebenen Verben.**

On ______ (acheter) des souvenirs pour les parents, Mathilde?

Oui, nous ______ (acheter) des cartes postales pour papa e maman.

On ______ (aller) dans un magasin et on ______ (prendre) les cartes.

Après, nous ______ (aller) dans une librairie.

À midi, on ______ (manger) dans un restaurant?

Oui, nous ______ (manger) chez Laurent.

TESTEN

AUFGABE 4 **Bilde acht sinnvolle Sätze, indem du aus jedem Kasten etwas nimmst. Schreibe in dein Übungsheft.**

L'après-midi, les enfants – Le train pour Paris – Pendant les vacances, Luc – Après l'école, Mme Dubois – Chérie, ce soir, nous – À l'école, les élèves – Aujourd'hui, nous – Le chat Minou

dormir – partir – sortir – comprendre

jusqu'à cinq heures – sur le lit de Stéphanie – de l'hôtel – à neuf heures – en vacances – les maths – à Paris – à deux

AUFGABE 5 **Ergänze den Text mit den folgenden Verben. Es gibt dabei mehrere Möglichkeiten.**

commencer – lire – écrire – aller – dire – prendre – acheter – répondre – discuter – être

Après le dîner, les copains ______ .

Edouard et Maxime ______ un livre sur Paris.

Madeleine ______ une lettre à sa copine Claudine.

Richard ______ un journal de télé.

«Regarde», ______ Richard, «il y a un film sur Astérix à la télé.»

«Mais le film ______ à 11 heures.»

«C' ______ trop tard?»

«Oui, nous ______ à l'école demain.», ______ Edouard.

«Alors, on regarde le film sur Jeanne d'Arc. Et toi, tu ______ des sandwichs.»

TESTEN

AUFGABE 6 **Füge *je voudrais* und andere Formen von *vouloir* ein.**

Claudine fait des courses au marché: «Je ___ des pommes et des citrons.»

Le petit Bernard crie: «Maman, je ___ un coca!!!!!»

Vous ___ visiter les monuments de Paris? – Nous ___ bien.

Tu ___ écouter des CD? – Non, je ___ regarder un film.

AUFGABE 7 **Sind alle Verbformen richtig? Korrigiere, falls nötig.** ACHTUNG FEHLER

1. tu peus ___	2. ils écrivent ___	3. je faix ___
4. vous savez ___	5. il sait ___	6. il met ___
7. nous saivons ___	8. ils mettent ___	9. vous disez ___
10. elles litent ___	11. nous peuvons ___	12. ils allent ___

AUFGABE 8 **Lies den folgenden Brief von Martine. Leider hat ihr Bruder mit Wasser gespritzt, sodass zehn Verben nicht mehr leserlich sind.**

Chère Carole,

Ce week-end, nous all___ chez ma tante Sophie. Elle sa___ très bien faire la cuisine *(kochen)*. C'est pourquoi, nous mang___ un repas super. Ma tante Sophie et mon oncle Ludovic ___ aussi un jardin génial. Là, nous p___vons jouer au foot. Mon oncle Ludovic aime li___ et jou___ à l'ordinateur. Il ach___ deux jeux vidéo par semaine. Je suis sûre: ce week-end e___ magnifique! J'atte___ ta réponse!

Bisou, Martine

AUFGABE 9 **Übersetze die folgenden Sätze und schreibe sie in dein Übungsheft.**

Wie alt ist Sophie? – Sie ist siebzehn Jahre alt.
Wir gehen heute ins Schwimmbad *(la piscine)*. Danach gehen wir zu Onkel Pierre.
Ich möchte Äpfel, Tomaten und Zitronen.
Ich kann Fußball spielen, aber heute kann ich nicht spielen, ich bin müde *(fatigué)*.

TESTEN

4 Tempus und Modus

4.1 Verben mit Infinitivergänzung

Wie im Deutschen kann auf die Verben ▪ ***vouloir*** (wollen),	Je **veux** travailler. (Ich will arbeiten.) Nous **voulons** manger des frites. (Wir wollen Pommes Frites essen.)
▪ ***pouvoir*** (können) und	Tu **peux** regarder le livre. (Du kannst das Buch anschauen.) Vous **pouvez** visiter le Louvre. (Ihr könnt / Sie können den Louvre besuchen.)
▪ ***savoir*** (wissen, können)	Elle **sait** faire du vélo. (Sie kann Fahrrad fahren.)
ein Infinitiv folgen. Man spricht dann von Infinitivergänzung. Diese Verben werden unregelmäßig konjugiert (↑ Kap. 3.4).	

Verneinung und Objektpronomen

Bei Verben mit Infinitivergänzung umklammern die **Verneinungswörter** (Negation) das konjugierte Verb (↑ Kap. 6). Der Infinitiv steht dahinter.	Nous **ne voulons pas** regarder la télé. Vous **ne pouvez pas** aider Pierre. Elles **ne savent pas** travailler sur ordinateur.
Die **Objektpronomen** stehen bei Verben mit Infinitivergänzung **vor dem Infinitiv** (↑ Kap. 2.4).	Tu veux inviter mes amis? – Oui, je veux **les inviter.** Elle peut trouver la carte? – Oui, elle peut **la trouver.** L'allemand? Je sais **le parler.** Il veut te donner le livre? – Oui, il veut **me donner** le livre.
Dies gilt auch bei **Verneinung.**	Les amis? Je ne veux pas **les inviter.**

WISSEN

ÜBUNG 1 **Finde die Formen von *vouloir, pouvoir, savoir* und setze die passenden Subjektpronomen davor.**

tuev

tnevsa

ssia

vuopsno

snovsa

uxep

ÜBUNG 2 **Bilde kurze Sätze mit *vouloir, pouvoir* oder *savoir* + Infinitivergänzung.**

nous mangeons + vouloir

je suis prof + pouvoir

il chante + savoir

vous jouez + vouloir

tu rentres + pouvoir

ÜBUNG 3 **Beschreibe die Bilder, indem du Sätze mit *vouloir, pouvoir* oder *savoir* formulierst.**

Minou

Alexandre

Sandrine

Mon grand-père

Ils

ÜBUNG 4 **Setze *vouloir, pouvoir* oder *savoir* richtig ein.**

Vous ______ aller dans un restaurant à Paris. Mais vous ne ______ pas trouver un restaurant super. On ______ demander à l'office de tourisme *(Fremdenverkehrsbüro)*.

Tu ______ parler l'allemand? – Oui, mais je ne ______ pas parler à présent, j'ai mal aux dents *(Zahnweh)*.

Vous ______ jouer au tennis? – Non, mais je ______ faire du foot.

À midi, ils ______ rentrer à la maison mais ils ne ______ pas.

Vous ______ m'aider? – Oui, je ______ et je ______ vous aider.

ÜBUNG 5 **Beantworte die Fragen und ersetze das Objekt durch ein Objektpronomen.**

Tu veux regarder les photos? – Oui, ______

Vous pouvez trouver le portable? – Oui, ______

Tes amis savent parler l'anglais? – Oui, ______

Vous voulez acheter la fleur? – Oui, ______

Je peux regarder la télé? – Oui, ______

ÜBUNG 6 **Antworte verneint und ersetze das Objekt durch ein Objektpronomen.**

Apprends tes mots. – Non, ______

Regarde tes livres. – Non, ______

Mange la pomme. – ______

Cherche ton livre. – ______

Prends la tarte. – ______

Achète les cahiers. – ______

ÜBUNG 7 **Übersetze die folgenden Sätze in deinem Übungsheft.**

Ich will zu meiner Tante gehen.
Wir können heute nicht fernsehen.
Er kann zeichnen. *(Er weiß, wie es geht.)*
Wo ist das Auto? – Ich kann es nicht finden.

4.2 *Futur composé*

Das *futur composé* (zusammengesetzte Zukunft) drückt zukünftige Handlungen aus. Du bildest es mit dem Präsens des Verbs ***aller*** und einem **Infinitiv.**	Je **vais** **dormir.** Ils **vont** **manger.** Il **va** **aller.** aller + *Infinitiv*
Im Deutschen wird die Zukunft mit dem Präsens des Verbs ***werden*** und einem **Infinitiv** gebildet.	Ich werde schlafen. Sie werden essen. Er wird gehen
Das Verb ***aller*** gehört zu den unregelmäßigen Verben (↑ Kap. 3.4).	Je **vais** chercher le livre. Tu **vas** chanter. Elle **va** danser. Nous **allons** jouer. Vous **allez** arriver. Ils **vont** trouver le CD.

Verneinung und Objektpronomen

Wird ein Satz im *futur composé* verneint, umklammern die **Verneinungswörter** (*ne ... pas, ne ... jamais* etc.) die **konjugierte Form von *aller*.** Das Verb im Infinitiv steht hinter der Verneinung.	Patrick **ne va pas** jouer au foot. Tu **ne vas jamais** travailler.
Objektpronomen stehen wie bei den anderen Verben mit Infinitivergänzung direkt **vor dem Infinitiv** (↑ Kap. 2.4).	Les livres? Je vais **les** regarder. La télé? Nous allons **la** regarder.
Dies gilt auch bei **Verneinung.**	La télé?Je **ne** vais **plus la** regarder. Nos devoirs? Nous **n'** allons **pas les** faire. Tu vas manger le fromage? – Non, je **ne** vais **jamais le** manger.

ÜBUNG 8 **Setze das Verb *dormir* in allen Personen ins *futur composé*.**

je | tu | il
nous | vous | ils

ÜBUNG 9 **Setze die folgenden Verben ins *futur composé*.**

1. prendre: nous
2. attendre: je
3. ouvrir: elle
4. raconter: tu
5. faire: nous
6. sortir: vous

ÜBUNG 10 ***Victor raconte: Ma vie dans 20 ans.* Formuliere die Sätze im *futur composé*.**

Je travaille comme prof.

J'ai une femme et une maison.

Je suis propriétaire d'un chien.

Ma femme et moi, nous avons trois enfants.

Je fais du foot et j'habite à Paris.

ÜBUNG 11 **Setze zuerst die Verbformen ins *futur composé*. Bilde dann damit Sätze, indem du sie sinnvoll mit den Wendungen aus dem Wortspeicher ergänzt. Schreibe diese in dein Übungsheft.**

à la piscine – en vacances – le livre – un arbre – des histoires – dans ton lit – son amie – un café – allemand – mon nouveau CD

tu racontes
nous prenons
vous parlez
il attend
vous partez
elle dessine
j'écoute
tu ouvres
tu dors
nous allons

ÜBEN

ÜBUNG 12 **Beschreibe die Bilder: Was werden die Personen morgen machen?**

Luc

Bernadette

Sabine

Vous

Tu

ÜBUNG 13 **Bilde aus den vorgegebenen Wörtern Sätze im *futur composé*.**

On – faire – de la gymnastique

Tu – donner – des réponses

Mes amis – ne pas – habiter – à Paris

Demain – nous – sortir – avec nos parents

M. et Mme Rocher – trouver – un appartement

ÜBUNG 14 **Übersetze die folgenden Sätze und schreibe sie in dein Übungsheft.**

Morgen werden wir zu Laurette gehen.
Heute werde ich nicht im Restaurant essen.
Wo sind die Bücher? – Sie sind hier. Wir werden sie nach Hause tragen.
Wirst du das Museum besuchen? – Nein, ich werde es nicht besuchen.

4.3 *Passé composé*

Das ***passé composé*** (zusammengesetzte Vergangenheit) drückt Handlungen in der Vergangenheit aus. Du bildest es mit dem Präsens des **Hilfsverbs *avoir*** bzw. ***être*** und dem **Partizip Perfekt** *(participe passé).*	J' **ai** **travaillé.** Ils **ont** **mangé.** Il **est** **allé.** *Hilfsverb + participe passé*
Auch im Deutschen wird das Perfekt mit dem Präsens des Hilfsverbs *haben* bzw. *sein* und dem Partizip Perfekt gebildet.	Ich habe gearbeitet. Sie haben gegessen. Er ist gegangen.
Die meisten Verben bilden das ***passé composé*** mit ***avoir*** (↑ auch Kap. 3.4).	J'**ai** cherché le livre. Tu **as** chanté. Elle **a** dansé. Nous **avons** joué. Vous **avez** parlé. Ils **ont** trouvé le CD.
Das ***participe passé*** wird je nach Verbgruppe unterschiedlich gebildet:	J'ai **joué** au foot. Tu as **répondu** à sa question. Il a **dormi** cette nuit.
■ Verben auf ***-er*** → ***-é*** ■ Verben auf ***-dre*** → ***-u*** ■ Verben auf ***-ir*** → ***-i***	regard**er** → regard**é** vend**re** → vend**u** dorm**ir** → dorm**i**
Einige häufige Verben haben ein **unregelmäßiges *participe passé*.** Präge dir diese Formen gut ein.	avoir → eu [y] — dire → dit être → été — écrire → écrit savoir → su — faire → fait pouvoir → pu — prendre → pris vouloir → voulu — ouvrir → ouvert lire → lu — boire → bu
Im **verneinten** Satz umklammern die Verneinungswörter (*ne ... pas, ne ... jamais* etc.) die konjugierte Form von ***avoir*** (↑ auch Kap. 6.2).	Je **n'ai pas** cherché les livres. Barbara **n'a jamais** travaillé. Nous **n'avons pas** trouvé le ballon. Ils **n'ont pas** dessiné la rose.

WISSEN

ÜBUNG 15 **Bilde die richtige Form des *participe passé*.**

1. manger ______ 2. lire ______
3. prendre ______ 4. être ______
5. sortir ______ 6. faire ______
7. perdre ______ 8. partir ______
9. vendre ______ 10. pouvoir ______
11. avoir ______ 12. ouvrir ______

ÜBUNG 16 **Markiere die richtige Form des *participe passé* und streiche die falschen Formen durch.**

boire: boivu – boiru – bu

savoir: savu – su – sue

comprendre: comprendu – comperdu – compris

offrir: offert – offré – offri

attendre: attendé – attendu – attendi

ÜBUNG 17 **Erzähle Madeleines Ferienerlebnisse in Brüssel im *passé composé*.**

Dimanche, nous ______ (visiter) le centre-ville.
À midi, nous ______ (manger) dans un restaurant.
Maman ______ (prendre) des crêpes, papa et moi, nous ______ (préférer) le coq au vin.
Puis, on ______ (regarder) la cathédrale et nous ______ (continuer) notre promenade.
Après, nous ______ (retrouver) notre hôtel et on ______ (dormir).

ÜBEN

ÜBUNG 18 ***Un matin chez Corinne:*** **Setze die Verbformen ins *passé composé*. Schreibe in dein Übungsheft.**

À 7 heures, nous prenons le petit-déjeuner.
Nous mangeons des croissants.
Après le petit-déjeuner, nous préparons nos sac à dos *(Rucksäcke)*.
À 7 heures et demie, papa quitte la maison pour aller au bureau.
À 8 heures, nous sommes au collège.
Le travail commence!

ÜBUNG 19 **Finde das passende Verb und setze es im *passé composé* in die Lücke.**

passer – raconter – ouvrir – prendre – pouvoir – comprendre – accompagner

Patrick ______ ses amis à la maison.
Mon frère ______ les photos.
Tu ______ les maths?
Ma grand-mère m' ______ une légende.
Sabine ______ ses vacances à Rome.
Il ______ la porte.
Nous n' ______ pas ______ regarder le film.

ÜBUNG 20 **Was habt ihr am Wochenende gemacht? Übersetze die folgenden Sätze.**

Ich habe meinen Computer repariert. *(réparer)*

______

Wir haben ein Fest veranstaltet und unsere Freunde eingeladen.

______

Mein Vater und ich haben ein Museum besucht.

______

Meine Schwestern haben einen Film angesehen.

______

4.4 Imperativ

Den **Imperativ** (Befehlsform) verwendet man in **Aufforderungssätzen.**

Regarde la robe. – Schau das Kleid an!
Travaillez vite. – Arbeitet schnell!

Achtung: Nach dem französischen Imperativ steht als Satzzeichen ein **Punkt.** Im Deutschen steht hingegen ein Ausrufezeichen.

Dors. – Schlafe!

Es gibt drei Formen des Imperativs:

- den Imperativ für eine Person,
  Achète deux baguettes. (Kauf zwei Baguette!)
- den Imperativ für eine Gruppe, zu der du auch gehörst,
  Allons au Louvre. (Gehen wir zum Louvre!)
- den Imperativ für mehrere Personen sowie für eine Person in der Höflichkeitsform.
  Regardez la jupe. (Schaut / Schauen Sie den Rock an!)

Beachte: Der Imperativ steht immer **ohne Subjektpronomen!**

Der Imperativ für eine Person (Imperativ Singular) entspricht der 1. Person Singular Präsens.

Der Imperativ der 1. und 2. Person Plural *(nous, vous)* hat die gleichen Endungen wie die entsprechenden Präsensformen.

	Imperativ:
j'écoute	→ Écoute.
j'attends	→ Attends.
je pars	→ Pars.
j'ouvre	→ Ouvre.
nous cherchons	→ Cherchons.
vous trouvez	→ Trouvez.

Beachte: Das Verb ***aller*** hat im Imperativ Singular eine Sonderform und bildet den Imperativ aus der 3. Person Singular. Im Plural ist die Bildung jedoch wieder regelmäßig.

je vais	→ Va.
nous allons	→ Allons.
vous allez	→ Allez.

Wird der Imperativ **verneint**, so umklammert die Verneinung den Imperativ.

Ne regarde **pas** le journal.

Ne cherchons **pas** le chat.

N'allez **pas** à la maison.

ÜBUNG 21 **Bilde jeweils den Imperativ zu den folgenden Verben.**

	2. Pers. Sg.	2. Pers. Pl.	1. Pers. Pl.
écouter			
attendre			
prendre			
dormir			
aller			

ÜBUNG 22 **Victor ist heute sehr faul. Seine Mutter fordert ihn auf zu arbeiten. Bilde jeweils den Imperativ im Singular.**

apprendre – ranger – écouter – jouer – aller – ramasser

Victor, _____ les papiers, _____ ta chambre, _____ du piano, _____ à l'école, _____ la grammaire, _____ le prof.

ÜBUNG 23 **Auch der Lehrer muss Viktor immer wieder ermahnen. Setze die angegebenen Verben in den verneinten Imperativ.**

Ne regarde pas (regarder) sous la table, _____ (jouer) avec tes livres, _____ (regarder) par la fenêtre, _____ (parler) à tes copains, _____ (chanter) pendant les cours, _____ (dormir) à l'école, _____ (aller) à la maison, _____ (manger) pendant les cours.

ÜBUNG 24 **Übersetze die folgenden Sätze in dein Übungsheft.**

Warten wir vor der Schule!
Schlaft nicht zu lange *(trop longtemps)!*
Luc, geh heim! Pierre und Christine, geht zu Tante Clotilde!
Gehen wir nicht zum Arzt!

Check-up Tempus und Modus

45 Minuten

AUFGABE 1 **Finde das *participe passé*.**

1. US:
2. TÉÉ:
3. IRPS:
4. UORTEV:
5. ITFA:
6. LUOVU:

AUFGABE 2 **Setze die Verbformen ins *passé composé*.**

je fais	
nous prenons	
tu as	
elle achète	
elles comprennent	
il est	
on répond	
vous ouvrez	
il sait	
nous pouvons	

AUFGABE 3 **Bilde alle drei Imperativformen der folgenden Verben.**

	2. Pers. Sg.	2. Pers. Pl.	1. Pers. Pl.
donner			
aller			
partir			
répondre			
apprendre			

AUFGABE 4 **Finde sieben Imperative im folgenden Buchstabengitter.**

a	k	m	d	i	s	r	i	t	s
t	r	é	o	p	r	e	p	s	i
t	a	c	r	e	g	a	r	d	e
e	c	o	m	o	n	t	e	s	l
n	o	u	o	v	o	n	n	t	u
d	n	t	n	l	m	f	d	i	t
t	t	e	s	o	r	s	s	o	u

AUFGABE 5 **Mme Crétien schimpft mit ihrer Tochter Claudine. Bilde den bejahten bzw. den verneinten Imperativ.**

faire attention à l'école: Fais attention à l'école.

faire les devoirs:

écouter les professeurs:

jouer aux cartes à l' école:

regarder par la fenêtre:

AUFGABE 6 **Was hat die Familie Bruel am Wochenende vor? Setze die Verben *aller, pouvoir* und *vouloir* mit Infinitivergänzung ein.**

vouloir: Samedi, nous sortons.

aller: On fait une promenade dans la nature.

vouloir: Après, nous invitons des amis.

aller: Nos amis Claudine et Jean apportent des tartes.

pouvoir: Ma cousine Rachel fait une salade de fruits.

TESTEN

AUFGABE 7 **Berufswünsche: Bilde Sätze im *futur composé*. Schreibe in dein Übungsheft.**

Patrick – travailler – comme dessinateur
Grégory – faire – de la musique
Victor et Nathalie – faire – du sport
Tu – habiter – à Berlin – et – avoir – un hôtel

AUFGABE 8 ***Stéphanie raconte:* Setze die Verben in der angegebenen Zeit ein.**

Aujourd'hui, je ______ (travailler: futur composé).

Je ne ______ pas ______ les maths (pouvoir comprendre: Präsens).

Je ______ les maths toute la journée (apprendre: futur composé).

Hier, ma famille ______ une journée à la piscine (passer: passé composé).

On ______ (nager: passé composé).

Moi et mes frères, nous ______ (jouer: passé composé) et mes parents ______ (dormir: passé composé).

Ce week-end, nous ______ un tour (vouloir faire: Präsens).

On ne ______ pas ______ chez les Petit (pouvoir aller: Präsens).

Ils ______ en vacances (être: futur composé).

AUFGABE 9 **Setze die folgenden Sätze ins *passé composé*.**

Nous perdons le match de tennis. ______

Elle attend sa mère. ______

Tu dors bien dans ce lit? ______

Ils n'entendent pas les CD. ______

Vous avez une maison super! ______

AUFGABE 10 **Übersetze die folgenden Sätze und schreibe sie in dein Übungsheft. Beachte die Zeiten!**

Gestern habe ich mein Fahrrad repariert.
Morgen werden wir ein Radio kaufen.
Ich kann Tennis spielen.
Wir wollen heute ausgehen.
Vater hat das Auto nicht verkauft.

Wortstellung

5.1 Direktes und indirektes Objekt

Man unterscheidet zwischen **direktem Objekt** (Akkusativ) und indirektem Objekt (Dativ).

- Im Französischen folgt das **direkte** Objekt unmittelbar auf das Verb, d. h., es steht ohne Präposition.
- Das **indirekte** Objekt wird häufig mit der **Präposition *à*** angeschlossen.

Aufgepasst: Im Französischen steht zuerst das direkte Objekt im Unterschied zum Deutschen.

Claude regarde **une BD.**
Luc parle à Lisa.
Lisa donne **le vélo** à Luc.

direktes Objekt „wen oder was“ → **une histoire**
indirektes Objekt „wem“ → à Nathalie

Je raconte **une histoire** à Nathalie.

Ich erzähle Nathalie **eine Geschichte.**

Nicht immer entsprechen deutsches und französisches Objekt einander:

aider qn ↔ **jdm.** helfen
attendre qn / qc ↔ **auf** jdn. / etw. warten
demander qc à qn ↔ jdn. **nach** etw. fragen
écouter qn ↔ **jdm.** zuhören
téléphoner à qn ↔ **jdn.** anrufen

Merke: Lerne die **Verben** immer zusammen mit ihrer **Ergänzung:**
qn = *quelqu'un* (jemand)
qc = *quelque chose* (etwas)

Il aide **son père.** → *direktes Objekt*
Er hilft **seinem Vater.** → *indirektes Objekt*

J'attends ta réponse.
Tu demandes l'heure à Claude. *(Uhrzeit)*
Vous m'écoutez?
Ma copine téléphone à sa mère.

Folgende Verben schließen das indirekte Objekt mit der **Präposition *à*** an:

dire qc à qn jdm. etw. sagen
écrire qc à qn jdm. etw. schreiben
donner qc à qn jdm. etw. geben
montrer qc à qn jdm. etw. zeigen
offrir qc à qn jdm. etw. anbieten
raconter qc à qn jdm. etw. erzählen
parler à qn mit / zu jdm. sprechen

Beachte: Die Präposition *à* verschmilzt mit dem bestimmten Artikel *le* bzw. *les* (↑ Kap. 1.3):
à + le → ***au***
à + les → ***aux***

Je **dis** bonjour **à** Claudine.
Tu **écris** une lettre **à** ta tante.
Maman **donne** une pomme **à** Pascal.
Nous **montrons** des photos **à** Pierre.
Vous **offrez** l'apéritif **à** vos amis.
Elle **raconte** des histoires **à** mes frères.
Luc **parle à** son professeur.

Ils parlent **au** prof, **à l'**amie, **à la** tante et **aux** parents.

ÜBUNG 1 **Folgt auf das Verb ein direktes oder ein indirektes Objekt? Kreuze an.**

	direktes Objekt	indirektes Objekt
attendre		
parler		
écouter		
téléphoner		

ÜBUNG 2 **Bilde Sätze im Präsens. Ergänze, wenn nötig, die Präposition *à*.**

nous – parler – notre professeur

Isabelle – attendre – ses amis

les correspondants – écrire – des lettres – les élèves

Luc – écouter – des CD – dans le salon

maman – montrer – des photos – les amis

tu – donner – les livres – garçon

ÜBUNG 3 **Was tun die Personen? Beschreibe die Bilder in deinem Übungsheft.**

1.

2.

3.

ÜBEN

ÜBUNG 4 ***La machine à phrases*** **– die Satzmaschine: Bilde fünf Sätze aus den drei Wortspeichern. Achte dabei auf die richtige Wortstellung.**

Subjekte	Verben	Objekte
nous	penses	aux enfants
Ludo et Nathalie	téléphonons	des lettres
Mme Durand	racontez	le professeur
tu	écoutent	une histoire
vous	écrit	à nos parents
		aux vacances
		à sa sœur

ÜBUNG 5 **Lisa schreibt ihrer französischen Brieffreundin. Dabei macht sie noch viele Fehler. Finde sechs Fehler und verbessere den Brief in deinem Übungsheft.**

ACHTUNG FEHLER

Chère Martine,

Tu aimes les maths? Moi, j'ai des problèmes en maths. Je demande toujours une explication mon professeur. Il explique toujours les problèmes à les élèves. Il aide aussi à ses élèves.
Mais je ne comprends pas. Le soir, je téléphone mon oncle. Il parle mon professeur et dit: «Expliquez les maths vos élèves encore une fois.»
Mon prof explique et explique, mais nous ne comprenons rien.

Bisous,
Lisa

ÜBUNG 6 **Übersetze die folgenden Sätze und schreibe sie in dein Übungsheft.**

Pascal zeigt Madeleine seine Bücher.
Meine Tochter hilft mir heute.
Die Schüler hören ihm nie zu.
Claire gibt Marie ein Geschenk.
Wir schreiben Claudine einen Brief.
Ihr ruft mich an.

ÜBEN

5.2 Stellung von Orts- und Zeitangaben

Im Aussagesatz gilt im Französischen genau wie im Englischen und Deutschen die Satzstellung S – V – O: **Subjekt –Verb – Objekt**	*S* *V* *O* Je regarde les livres. I look at the books. Ich schaue die Bücher an.
Der Aussagesatz kann durch eine **Orts- oder Zeitangabe** (adverbiale Bestimmung) ergänzt werden.	Stéphanie lit un livre **dans le salon.** Mme Durand téléphone à Annie **ce soir.**
Grundsätzlich können **adverbiale Bestimmungen** im Französischen am **Satzanfang** oder am **Satzende** stehen.	**Ce soir,** Mathilde écrit des lettres à sa cousine. – Mathilde écrit des lettres à sa cousine **ce soir.** **Dans la salle de classe,** le professeur compte les élèves. – Le professeur compte les élèves **dans la salle de classe.**
Anders als im Deutschen ändert sich im Französischen die Wortstellung nicht, wenn der Satz durch die adverbiale Bestimmung **eingeleitet** wird. Sie wird dann aber durch ein Komma vom Satz getrennt.	Dans la chambre, Elsa **cherche** le CD. Im Zimmer **sucht** Elsa die CD.

Ortsangaben mit *être* und *il y a*

Drückt man aus, **wo** sich etwas oder jemand befindet, verwendet man eine Form von ***être.*** Die Ortsangabe steht in diesem Fall am Satzende.	L'ordinateur **est** sur la table. Les amies **sont** dans le salon. Nous **sommes** à Paris.
Drückt man aus, **wer oder was** sich an einem Ort befindet, so verwendet man ***il y a.*** Die Ortsangabe kann am Satzanfang oder am Satzende stehen.	Sur la table, **il y a** un ordinateur. **Il y a** un ordinateur sur la table.
Merke: Steht die Ortsangabe am Satzanfang, so kann nur *il y a* stehen: **Ortsangabe + *il y a***	Dans le salon, **il y a** Juliette et Claire. Juliette et Claire **sont** dans le salon.

ÜBUNG 7 **Schreibe die folgenden Sätze in dein Übungsheft und bestimme die Satzglieder wie im Beispiel.**

Sabine	écoute	un CD	dans sa chambre.
S	V	dir. O	adv. B des Ortes

Luc attend Mélanie devant le cinéma.
Le week-end, elle écrit une lettre à son amie.
Après le repas, nous prenons un café dans le salon.

ÜBUNG 8 ***La fête de Claire:*** **Ergänze die Sätze mit den Wörtern aus den Wortspeichern.**

donne	des salades	la salle de séjour
ouvre	~~la fête~~	ce soir
préparent	des CD	après
écoutent	des jus	la cuisine
mange	des gâteaux	
dansent	la porte	
sonnent		
~~c'est~~		

C'est la fête de Claire ___ .
Les copines de Claire ___ et apportent ___ .
Claire ___ ___ .
Elles ___ ___ de fruits et ___
dans ___ .
Dans ___ , elles ___
___ et ___ .
___ , on ___ .

ÜBUNG 9 **Übersetze die folgenden Sätze und schreibe sie in dein Übungsheft.**

Im Haus von Pascal gibt es ein Badezimmer, ein Schlafzimmer und ein Wohnzimmer.
Im Karton ist der Computer.
Die Bücher sind auf dem Stuhl.
Die Äpfel? Sie sind auf dem Tisch.

5.3 Nebensätze

Ein Nebensatz ist von einem anderen Satz abhängig und kann nicht alleine stehen. Nebensätze erkennt man unter anderem daran, dass sie durch eine **Konjunktion** (Bindewort) eingeleitet werden, z. B.: ***parce que*** (weil) ***quand*** (wenn) ***que*** (dass) Vor Vokal und stummem ***h*** steht ***qu'***. *Merke:* Anders als im Deutschen wird im Französischen vor dem Nebensatz kein Komma gesetzt.	*Hauptsatz* – *Nebensatz* Je dors **parce que** je suis fatigué. Ich schlafe, **weil** ich müde bin. On cherche Luc **parce qu'**il n'est pas là. Elle fait une promenade **quand** il fait beau. Sabine dit **qu'**elle lit le journal chaque jour. Sabine sagt, **dass** sie jeden Tag die Zeitung liest.
Im Deutschen steht das Verb des Nebensatzes am Satzende. Im Französischen hingegen bleibt die Wortstellung: **Subjekt – Verb – Objekt.**	Quand il **fait** beau, nous allons à la plage. Wenn es schön **ist,** gehen wir an den Strand.

Die indirekte Rede

Mit der **indirekten Rede** *(le discours indirect)* gibst du Äußerungen von anderen Personen wieder. Auch hier handelt es sich um einen Nebensatz: ■ Der Hauptsatz enthält die Redeeinleitung mit einem Verb des Sagens oder Meinens (z. B. *dire, trouver, penser, raconter*). ■ Die indirekte Rede wird durch die Konjunktion ***que*** eingeleitet. ■ Vor ***que*** steht kein Komma. *Achtung:* Du musst in der indirekten Rede immer die Personalpronomen, die Verbformen und die Possessivbegleiter anpassen (↑ auch Kap. 2.1 und Kap. 2.2).	Sara dit qu'elle aime le jogging. Luc dit qu'il déteste le sport. *Aussagesatz* → *indirekte Rede* Pierre dit: «**Ma** mère est là.» → Pierre dit **que sa** mère est là Il raconte aussi: «**Je pars** ce soir.» → Il raconte aussi **qu'il part** ce soir.
Im Gegensatz zum Deutschen und Englischen muss die Konjunktion ***que*** **immer** verwendet werden.	Claire dit **qu'**elle écrit une lettre. Claire says __ she writes a letter. Claire sagt, __ sie schreibe einen Brief.

ÜBUNG 10 **Finde drei Konjunktionen und ihre deutsche Bedeutung.**

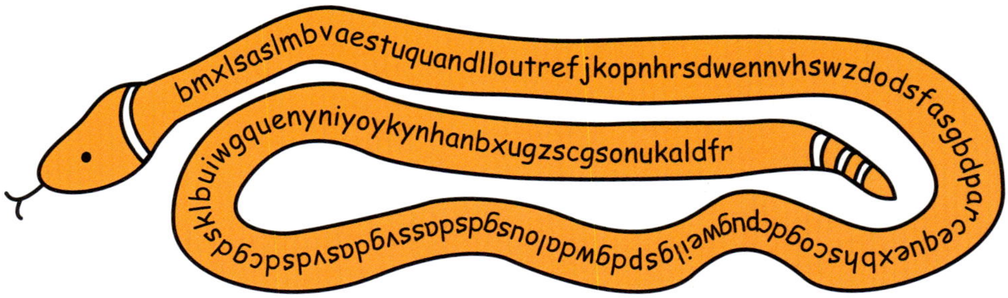

ÜBUNG 11 **Füge die Konjunktionen *que, quand* oder *parce que* sinnvoll ein.**

Je ne travaille pas ______ je suis fatigué *(müde)*.

Il dit ______ il ne veut pas aller à l'école.

Nous ne pouvons pas manger de frites ______ maman ne fait pas la cuisine aujourd'hui.

______ il pleut, les amis ne peuvent pas aller à la piscine.

Elle répond ______ sa mère n'est pas à la maison.

ÜBUNG 12 **Finde zu jedem Hauptsatz (links) den passenden Nebensatz (rechts).**

Je fais une promenade – Nous disons – Victor ne comprend pas Valentin – Sabine répond

que l'école commence à 8 heures – parce qu'il parle allemand – quand il fait beau – qu'elle joue au foot

ÜBEN

ÜBUNG 13 Jean möchte gern Schauspieler werden. Seine Eltern sind dagegen. Er erzählt alles seinem Freund. Bilde Sätze nach diesem Bauplan: *Ma mère / Mon père + dire / trouver / penser + que* ... Schreibe in dein Übungsheft.

ÜBUNG 14 Die indirekte Rede: Unterstreiche zunächst in den Sätzen alle Wörter, die sich bei indirekter Rede verändern und wandle dann in die indirekte Rede um.

Pierre: «Nous visitons le Sacré-Cœur avec ma tante.»

Christine: «Je dors dans mon lit.»

Sabine et Luc: «Les photos sont super!»

Pauline et Fanny: « Nous allons au cinéma avec nos amis.»

ÜBUNG 15 Übersetze die folgenden Sätze.

Martine erzählt, dass sie in Cannes wohnt.
Sabine und Laurence finden, dass Cannes eine tolle Stadt ist.
Pascal erzählt, dass er die Ferien mit seinen Eltern in St. Tropez verbringt, weil es da einen herrlichen *(magnifique)* Strand gibt.

Check-up Wortstellung

45 Minuten

AUFGABE 1 **Setze *il y a, c'est* und *ce sont* richtig ein.**

Dans la cuisine des Durand, ______ des garçons et des filles:
______ les copains de Marc.
Et la fille avec le livre, ______ Madeleine, la nouvelle.
Devant la table, ______ deux filles: ______ Carole et Laurette.
______ aussi un Monsieur: ______ M. Durand.
Sur la table, ______ un cadeau pour Marc: ______ une mousse au chocolat.

AUFGABE 2 **Formuliere vollständige Sätze im Präsens. Achte auf die Wortstellung!**

maman – donner – une pomme – le fils

______

Pascal – raconter – une histoire – Nadine

______

Nicole – téléphoner – sa copine

______

AUFGABE 3 **Bilde fünf sinnvolle Sätze und schreibe sie in dein Übungsheft. Achte auf die richtige Wortstellung!**

Subjekte	Verben	Objekte
Pascal - le père de Frédéric - la souris de maman - le touriste - l'agent de police	raconter - poser - demander - manger - jouer - donner	le fromage - une histoire - des questions - le foot - l'heure - la petite souris - son fils - la dame de l'office du tourisme - le voleur

TESTEN

AUFGABE 4 **Martina, die deutsche Brieffreundin von Nathalie, macht noch viele Fehler. Verbessere ihren Text und schreibe die Sätze korrekt auf die Schreiblinien. Ein kleiner Tipp: Es sind acht Fehler!**

ACHTUNG FEHLER

Chère Nathalie,

Merci pour ta lettre. Tu as un chat, et moi, j'ai un chien, il s'appelle Benno. C'est fou, mais c'est vrai. Ma mère donne notre chien Benno des tartes aux pommes. Ma mère dit c'est bon pour Benno et il ne mange pas les repas pour les chiens. C'est pourquoi, dans le frigo sont toujours trois ou quatre tartes aux pommes. Mon père trouve c'est bizarre. Mais il donne aussi à Benno des spaghettis. Mon frère et moi, nous disons toujours non, mais mon père n'écoute pas à ses enfants.
Ton chat aime aussi les tartes aux pommes?

À bientôt et amicalement,
Martina

AUFGABE 5 **Übersetze die folgenden Sätze in dein Übungsheft.**

In der Schule gibt Jeanne ihrer Freundin die Adresse von Luc.
Am Wochenende rufen wir nicht die Legrands an.
Abends hilft Francine ihrem Vater im Laden.
Nach der Schule sprecht ihr immer mit euren Freunden im Hof.
Vor dem Louvre fragen Touristen einen Polizisten nach dem Weg.
Er stellt seinem Freund eine Frage.
Sie antworten Luc.
Sprecht ihr mit Nicole?
Meine Tante erzählt mir Geschichten.
Die Touristen warten auf den Fremdenführer *(le guide)*.

TESTEN

6 Verneinung

6.1 Verneinung mit *ne ... pas (de)*

Im Gegensatz zum Deutschen besteht die Verneinung im Französischen aus zwei Teilen: ***ne ... pas.*** Die Verneinung umklammert das konjugierte Verb. Vor Vokal und stummem *h* wird ***ne*** zu ***n'*** verkürzt, ebenso in der Wendung ***il y a*** (es gibt): ***il n'y a pas.***	Madeleine **ne** téléphone **pas** à Claire. – Madeleine ruft Claire **nicht** an. Je **n'**habite **pas** à Paris. Dans le carton, il **n'**y a **pas** Mimi, la souris.
Dies gilt auch bei der Befehlsform (↑ Kap. 4.4).	**Ne** parle **pas** trop. **N'**entrez **pas.**
Achtung: In der gesprochenen Sprache fällt ***ne*** häufig weg.	Je **ne** regarde **pas.** *(geschrieben)* Je regarde pas. *(gesprochen)*
Stehen vor dem konjugierten Verb **Objektpronomen,** umklammert die Verneinung diese ebenfalls (↑ Kap. 2.4).	Le livre? Je **ne le** cherche **pas .** La jupe? Elle **ne l'**achète **pas .**
Die unbestimmten Artikel ***un, une*** und ***des*** werden in der Verneinung zu ***de*** oder ***d'.*** Im Deutschen wird mit „kein" bzw. „keine" übersetzt.	Pierre demande **une** salade, un citron et **des** tomates, mais le marchand **n'**a **pas de** salade et il **n'**a **pas de** citron. Pierre **ne** trouve **pas de** tomates.
Achtung: Wird das Verb ***être*** verneint, so bleibt der unbestimmte Artikel jedoch erhalten.	C'est **un** café? – Non, ce **n'est pas un** café. Ce sont **des** pommes? – Non, ce **ne sont pas des** pommes.
Weitere Verneinungen: Neben *ne ... pas* sind folgende Verneinungen am häufigsten; die bejahte Form ist jeweils gegenübergestellt: ***ne ... plus*** (nicht mehr) ↔ ***encore*** (noch) ***ne ... rien*** (nichts) ↔ ***quelque chose*** (etwas) ***ne ... pas encore*** (noch nicht) ↔ ***déjà*** (schon) ***ne ... jamais*** (nie) ↔ ***toujours*** (immer)	Je travaille encore. – Tu **ne** travailles **plus.** Il **n'**y a **plus** de tomates aujourd'hui. Vous entendez quelque chose? – Non, nous **n'**entendons **rien.** Luc fait déjà ses devoirs? – Non, il **ne** fait **pas encore** ses devoirs, il joue. Tu parles toujours! – Non, je **ne** parle **jamais.**
Wird einer verneinten Frage widersprochen, so wird mit ***si*** (doch) geantwortet.	Tu n'aimes pas le fromage? – **Si.**

ÜBUNG 1 **Finde die Verneinungswörter, indem du die Zahlencodes entschlüsselst.**

1. ne ... R I E N ✓
9 3 2 7

2. ne ... P A S ✓
8 1 10

3. ne ... J A M A I S ✓
4 1 6 1 3 10

4. ne ... P L U S ✓
8 5 11 10

ÜBUNG 2 **Schau dir die Bilder an und beantworte die Fragen wie im Beispiel.**

Luc travaille? – Non, il ne travaille pas, il chante.

Nathalie rêve? – Non elle ne rêve pas, elle joue aux cartes

Les élèves téléphonent? – Non, ils ne téléphonent pas, ils mangent ✓

Sandra dort? – Non elle ne dort pas, elle regarde la télé ✓

Victor danse? – Non il ne danse pas, il rêve ✓

ÜBUNG 3 **Beantworte die Fragen verneint. Schreibe in dein Übungsheft.**

Vous dessinez les arbres?
Valentin attend ses copains?
Tu regardes ce film?
Vos frères achètent la maison?

ÜBUNG 4 **Antworte verneint und ersetze dabei das rot markierte Objekt durch ein Pronomen.**

Il entend la musique? – Non, il ne la entend pas
Elle vend le vélo? – Non, elle ne le vend pas ✓
Tes filles écrivent la lettre? – Non, mes filles ne l'écrivent pas
Vous mangez ces fruits? – Non, nous ne les mangeons pas ✓
Elles commencent le travail? – Non, elles ne le commencent pas ✓
Robert parle l'anglais? – Non, Robert ne le parle pas ✓

ÜBEN

ÜBUNG 5 **Nicole kauft auf dem Markt ein. Doch leider hat die Marktfrau nicht, was Nicole kaufen möchte. Antworte verneint und schreibe die Sätze in dein Übungsheft.**

Vous avez des tomates, Madame?

Vous avez un ananas?

Il y a des pommes?

Et une salade? Vous avez encore une salade?

ÜBUNG 6 ***Un collège de rêve* – eine Traumschule.**

Il y a des tests? – Non,

Les élèves ont des notes? – Non,

Les professeurs donnent des cours? – Non,

Il y a une salle des professeurs ? – Non,

ÜBUNG 7 **Beantworte die Fragen verneint. Achte auf die rot markierten Wörter!**

Sandra est encore là? – Non,

Pascal écrit toujours des lettres? Non,

Tu prends quelque chose? – Non,

Vous parlez déjà l'allemand? – Non,

WISSEN +

Nach den Verben
- *aimer,*
- *détester,*
- *adorer,*
- *préférer*

steht immer der **bestimmte Artikel,** auch bei Verneinung (↑ S. 11).

Je n'**aime** pas **les** frites, je **préfère les** nouilles.
Nous ne **détestons** pas **le** thé.
Vous n'**adorez** pas **le** café?

ÜBUNG 8 **Victor mag überhaupt nichts. Setze die angegebenen Verben in der richtigen Form ein und achte auf den Artikel.**

Victor ______ fromage. (ne pas aimer)
Il ______ soupes. (ne pas adorer)
Il ______ limonade. (ne plus aimer)
Il ______ thé. (détester)
Il ______ coq au vin. (ne pas aimer)
Mais qu'est-ce qu'il aime? Il ______ escargots *(Schnecken)*. (adorer)

WISSEN +

Feste Redewendungen
Merke dir die festen Redewendungen mit dem Verb ***avoir,*** bei denen entweder kein Artikel oder der bestimmte Artikel steht. Sie werden **nie** mit *ne … pas de* verneint!

Je n'ai pas le temps. (Ich habe keine Zeit.)
Je n'ai pas envie. (Ich habe keine Lust.)
Je n'ai pas faim / soif. (Ich habe keinen Hunger / Durst.)
Je n'ai pas peur. (Ich habe keine Angst.)

ÜBUNG 9 **Übersetze die folgenden Sätze und schreibe sie in dein Übungsheft.**

Heute habe ich keine Zeit.
Spielt ihr mit mir? – Nein, wir haben keine Lust.
Hast du Hunger? – Nein, ich habe keinen Hunger, ich habe Durst.
Schau, ein Geist *(le fantôme)*! – Ich habe keine Angst.
Das ist kein Haus, das ist ein Schloss *(le château)*.
Wir mögen keine Äpfel.
Arbeitet Luc noch? – Nein, er arbeitet nicht mehr.
Isst du etwas? – Nein, ich esse nichts.
Er schreit immer. – Nein, er schreit nie.
Hörst du die Musik nicht? – Doch, ich höre sie.
In der Küche gibt es keine Limonade mehr.

6.2 Verneinung bei zusammengesetzten Verbformen

Verneinung bei Verben mit Infinitivergänzung

Die **Verneinung** umklammert auch bei Verben mit Infinitivergänzung (z. B. *vouloir faire, pouvoir faire, savoir faire)* nur das **konjugierte Verb.**	Je **ne** veux **pas** dormir. Nous **ne** pouvons **plus** travailler. Tu **ne** sais **pas** parler l'allemand.
Objektpronomen stehen **vor dem Infinitiv** (↑ Kap. 2.4) und werden somit nicht von der Verneinung eingeklammert.	Claire? Je **ne** peux **pas l'**inviter. L'allemand? Il **ne** sait **pas le** parler.

Verneinung im *futur composé*

Die Verneinung umschließt auch im ***futur composé*** das konjugierte Verb, also die Präsensform von ***aller.***	Je **ne** vais **pas** chercher le livre. Nous **n'**allons **rien** chanter. Vous **n'**allez **pas** habiter à Berlin.
Objektpronomen stehen auch hier **vor dem Infinitiv** und außerhalb der Verneinungsklammer (↑ Kap. 4.2).	Tu vas donner les livres à Pascal? – Non, je **ne** vais **pas les** donner à Pascal. Le film? Elle **ne** va **jamais le** regarder.

Verneinung im *passé composé*

Die Verneinung umschließt auch im ***passé composé*** das konjugierte Verb, also die Präsensform von ***avoir*** (bzw. von *être*).	Je **n'**ai **pas** regardé la télé. Il **n'**a **plus** trouvé le livre. Nous **n'**avons **rien** acheté.
Merke: **Objektpronomen** stehen im *passé composé* **vor dem konjugierten Verb** und damit innerhalb der Verneinungsklammer (↑ Kap. 4.3).	Le taxi? Vous **ne l'**avez **pas** appelé? Voilà le livre. Tu **ne l'**as **pas** encore ouvert?

WISSEN

ÜBUNG 10 **Antworte verneint auf die folgenden Fragen. Schreibe in dein Übungsheft.**

On va jouer au foot?
Tu veux partir?
Vous pouvez aller en France?
Ils savent nager?
Vous allez partir en vacances?
Tu peux entendre le bruit ?

ÜBUNG 11 **Schreibe die Sätze verneint. Achte vor allem bei den rot markierten Wörtern auf die richtige Verneinung!**

Pierre peut entendre quelque chose.

Elle veut déjà manger.

Tu vas toujours travailler.

Elles savent encore jouer au foot.

Nous voulons regarder la télé.

ÜBUNG 12 **Wie lautet die richtige Antwort? Kreuze an.**

Tu veux regarder quelque chose?
- ☐ Je ne veux pas regarder quelque chose.
- ☐ Je ne veux rien regarder.

Vous allez boire un café?
- ☐ Non, nous n'allons pas boire de café.
- ☐ Non, nous n'allons pas boire un café.

Elle va encore faire des fautes?
- ☐ Elle ne va pas faire de fautes.
- ☐ Elle ne va plus faire de fautes.

Il veut toujours travailler?
- ☐ Il ne veut plus travailler.
- ☐ Il ne veut jamais travailler.

ÜBUNG 13 **Verneine die folgenden Sätze und ersetze jeweils das rot markierte Objekt durch ein Objektpronomen.**

Nous voulons regarder les films.

Mme et M. Durand peuvent écouter le guide.

Tu vas faire la tarte.

Vous allez acheter la musique de Michel Sardou.

Je sais parler l'anglais.

ÜBUNG 14 **Marie will heute nichts tun. Bilde fünf verneinte Sätze im *futur composé* nach dem Muster: *Je ne vais pas jouer au tennis.* Schreibe in dein Übungsheft.**

ÜBUNG 15 **Auch Béatrice und ihre Freunde sind heute etwas faul gewesen. Verneine die folgenden Sätze.**

Elle a rangé sa chambre.

Pierre a fait son lit.

Sabine et Luc ont acheté le pain pour leurs parents.

Sébastien a lavé la voiture de son père.

ÜBUNG 16 **Setze die folgenden Sätze ins *passé composé* und verneine sie.**

Sabine ferme la porte.

J'écris une lettre à ma tante.

Nous préparons déjà le contrôle de maths.

Tu fêtes ton anniversaire.

Il cherche toujours ses cahiers.

ÜBUNG 17 **Richtig oder falsch? Streiche die falschen Sätze durch und schreibe sie richtig in dein Übungsheft.**

ACHTUNG FEHLER

Mes amis n'ont pas écrit la lettre pour Stéphanie.
Les professeurs ne vont corriger pas les tests.
Tu peux pas travailler?
Vous ne voulez pas acheter quelque chose?
Elle n'a travaillé jamais.

ÜBUNG 18 **Übersetze. Achte auf die Zeiten und die Stellung der Verneinungswörter!**

Wir haben nichts gegessen.

Papa wird das Haus nie verkaufen.

Daniel und Sarah wollen nicht mehr in die Schule gehen.

Könnt ihr die Orangen nehmen? – Nein, wir können sie nicht nehmen.

Sie haben noch keinen Kaffee getrunken.

Sein Bruder hat heute nicht geschlafen.

Ihr werdet morgen nicht ins Kino gehen, sondern *(mais)* ihr werdet arbeiten.

Check-up Verneinung

45 Minuten

AUFGABE 1 **Antworte verneint auf die folgenden Fragen. Verwende dabei die entsprechenden Personalpronomen.**

Luc et Christine parlent? – Non,

Sabine écoute? – Non,

M. Dubois téléphone? – Non,

Tu rêves? – Non, je

Vous habitez à Lyon? – Non, nous

Juliette est là? – Non,

Tu as mal à la tête? – Non,

Vous attendez Pierre? – Non,

Il parle l'anglais? – Non,

Ils écoutent la musique? – Non,

AUFGABE 2 **Formuliere die folgenden Sätze in der angegebenen Verneinung. Schreibe in dein Übungsheft.**

nie: Julie danse.
nicht mehr: Vous dormez.
nie: Tu vas au restaurant.
nichts: Tu attends.
nicht: Nous ouvrons la porte.
nichts: Nous achetons quelque chose.

AUFGABE 3 **Chantal und ihre Freunde haben gute Vorsätze. Bilde verneinte Sätze und schreibe sie dein Übungsheft.**

1. elle – ne ... pas – vouloir – parler pendant les cours
2. Magali et Martine – ne... pas – vouloir – manger trop *(zu viel)*
3. Pierre – ne ... jamais – vouloir – regarder des films d'horreur
4. nous – ne ... plus – vouloir – regarder la télé toute la journée
5. vous – ne ... rien – vouloir – perdre

TESTEN

AUFGABE 4 **Beantworte die Fragen mithilfe der Bilder. Schreibe in dein Übungsheft.**

Vous avez un chat? 

Tu n'aimes pas les gâteaux? 

 Ce sont des Anglais?

 Vous aimez le thé?

Il dort déjà? 

AUFGABE 5 **Bilde fünf verneinte Sätze.**

nos amis – nous – tu – vous – elle	prend – attendent – regardons – ouvres – partez	les livres – la porte – en vacances – Pascal	ne … pas – ne … jamais – ne … rien – ne … plus

AUFGABE 6 **Übersetze die folgenden Sätze und schreibe sie in dein Übungsheft.**

Sabine isst keinen Käse.
Wir trinken keinen Kaffee.
Du magst keine Äpfel.
Ist das ein Hotel ? – Nein, das ist kein Hotel, sondern ein Rathaus *(la mairie)*.
Er wird sein Zimmer nicht aufräumen.
Willst du die Fotos anschauen? – Nein, ich will sie nicht anschauen.
Heute habe ich mein Auto nicht repariert.
Wir haben keine Angst mehr.
Sie haben nichts besichtigt.
Die Schüler sprechen nie Deutsch.

7 Fragen

7.1 Entscheidungsfragen

Im Französischen unterscheidet man wie in anderen Sprachen zwischen der Entscheidungsfrage und der Ergänzungsfrage:

- **Entscheidungsfragen** werden mit **„ja"** oder **„nein"** beantwortet. Sie enthalten kein Fragewort.

  C'est Luc? – Oui, c'est Luc.
  Ist das Luc? – Ja, das ist Luc.

- **Ergänzungsfragen** kann man nicht mit „ja" oder „nein" beantworten. Sie enthalten **immer ein Fragewort.** Im Deutschen nennt man sie auch **Wortfragen** oder **W-Fragen** (wer?, was?, wann?, wo?).

  Qui est-ce? – C'est Mme Leclerc.
  Wer ist das? – Das ist Frau Leclerc.

Intonationsfrage

Du kannst aus einem **Aussagesatz** einen **Fragesatz** machen, indem du die Stimme am Satzende anhebst. Man nennt dies **steigende Intonation** (Satzmelodie). Beim Schreiben setzt du am Ende ein Fragezeichen.

Aussagesatz:	*Fragesatz:*
Tu travailles.	Tu travailles?
Ça va.	Ça va?

Est-ce que-Frage

Neben der Intonationsfrage kannst du auch eine Entscheidungsfrage bilden, indem du vor den **Aussagesatz** die **Frageformel** ***est-ce que*** setzt (vor Vokal und stummem *h* wird *que* zu *qu'*).
Die Reihenfolge der Wörter ist die gleiche wie im **Aussagesatz.** Am Ende steht ein Fragezeichen.
Die **Satzmelodie** steigt wie bei der Intonationsfrage zum Satzende hin an.

Est-ce que Claire fait ses devoirs?
Est-ce qu'elle travaille à la maison?
Est-ce que tu cherches ton cahier?
Est-ce qu'ils trouvent les livres?
Est-ce que vous préparez un texte sur Paris?

ÜBUNG 1 **Entscheidungsfrage oder Ergänzungsfrage? Kreuze an. Markiere ggf. das Fragewort.**

	Entscheidungsfrage	Ergänzungsfrage
1. Tu travailles aujourd'hui?		
2. Qui est-ce?		
3. Où est Pascal?		
4. Tu t'appelles comment?		
5. Vous aimez les baguettes?		

ÜBUNG 2 **Wandle die folgenden Aussagesätze in Entscheidungsfragen mit *est-ce que* um.**

Martine habite à Lyon.

Vous écoutez la radio.

Pascal a un ordinateur.

Maman range le salon.

Il regarde la télé.

ÜBUNG 3 **Schau dir die Bilder an. Formuliere jeweils eine Entscheidungsfrage und beantworte sie.**

Est-ce qu'il mange? Oui, il mange.

ÜBEN

7.2 Ergänzungsfragen

Bildest du eine Ergänzungsfrage, kann das Fragewort am Satzanfang oder am Satzende stehen:

- Steht das **Fragewort am Satzanfang,** so ist die Satzmelodie **fallend** (fallende Intonation).
- Steht das **Fragewort am Satzende,** so ist die Satzmelodie **steigend** (steigende Intonation).

Qui est-ce? – C'est Luc.
Que fait Luc? – Il joue.
Il habite **où?** – Il habite à Paris.
Tu es **d'où?** – Je suis de Lyon.

Est-ce que-Frage

Du kannst auch Ergänzungsfragen mit *est-ce que* bilden. Das **Fragewort** steht dann **am Satzanfang,** gefolgt von *est-ce que* (bzw. *est-ce qu'* vor Vokal oder stummem *h*), sodass sich folgende Reihenfolge ergibt: Fragewort + *est-ce que* + Aussagesatz?

Qu'est-ce que tu fais?
Pourquoi est-ce que tu pars?

Die Intonation ist **fallend.**

Merke dir folgende Fragewörter:
quand? – wann?
à quelle heure? – um wie viel Uhr?
où? – wo?
avec qui? – mit wem?
comment? – wie?
que? – was?
pourquoi? – warum?

Quand est-ce que Magali va à la maison?
À quelle heure est-ce que tu pars?
Où est-ce que tu habites?
Avec qui est-ce que vous sortez?
Comment est-ce que tu t'appelles?
Qu'est-ce qu'il donne à sa mère?
Pourquoi est-ce qu'elle regarde le salon?

Beachte: Nach ***est-ce que*** gilt die **gleiche Satzstellung** wie im **Aussagesatz.** Im Deutschen hingegen ändert sich die Satzstellung.

Nicole rentre à Paris.
Quand est-ce que **Nicole** rentre à Paris?
Nicole kehrt nach Paris zurück.
Wann kehrt **Nicole** nach Paris zurück?

- Mit ***qui est-ce?*** fragst du nach **Personen.**
- Mit ***qu'est-ce que c'est?*** fragst du nach **Dingen.**

Qui est-ce? – C'est mon prof.
Qui est-ce? – Ce sont mes amis.
Qu'est-ce que c'est? – C'est un chien.
Qu'est-ce que c'est? – Ce sont des livres.

Frage ohne *est-ce que*

Du kannst nicht immer die Formel ***est-ce que*** verwenden. Die Frage mit dem **Fragewort *qui*** (wer?) wird in der Regel ohne ***est-ce que*** gebildet.	**Qui** habite à Paris? **Qui** est dans la cuisine?
Achtung: Bei **Präposition + *qui*** verwendest du ***est-ce que.***	**Avec qui est-ce que** tu as rendez-vous? (Mit wem hast du eine Verabredung?) **À qui est-ce qu'**elle donne le livre? (Wem gibt sie das Buch?)
Bei **kurzen Ergänzungsfragen** mit einem Substantiv als Subjekt kannst du Fragen wie im Deutschen bilden:	
Que fait / font ...? – Was macht / machen ...?	Que fait Luc? Que font Sabine et Pierre?
Où est / sont ...? – Wo ist / sind ...?	Où est Christine? Où sont tes parents?
Combien coûte / coûtent ...? – Wie viel kostet / kosten ...?	Combien coûte la limonade? Combien coûtent les livres?
Merke: Im Gegensatz zur geschriebenen Sprache hört man in der **gesprochenen Sprache** sehr oft auch Ergänzungsfragen, bei denen das **Fragewort am Satzende** steht. Hier musst du bei der Intonation darauf achten, dass die Satzmelodie am Ende nach oben geht (↑ S. 90).	Tu t'appelles **comment?** (Wie heißt du?) Tu es **d'où?** (Woher bist du?) Tu habites **où?** (Wo wohnst du?)

ÜBUNG 4 **Finde 7 Fragewörter (senkrecht und waagrecht). Schreibe sie mit ihrer deutschen Übersetzung auf.**

b	r	q	u	a	n	d	s	o	u
g	r	c	d	e	d	m	q	r	p
l	q	o	r	c	w	t	p	d	h
c	o	m	m	o	n	t	o	f	i
k	a	m	a	m	e	q	u	i	n
h	l	e	r	b	o	s	r	b	b
f	p	n	u	i	ù	q	q	u	e
g	h	t	r	e	q	w	u	f	v
l	f	s	q	n	f	g	o	i	c
p	o	z	t	w	a	d	i	s	x

ÜBUNG 5 **Setze jeweils das passende Fragewort ein.**

1. ______ est-ce que tu travailles? – Je travaille à 5 heures.
2. ______ est-ce? – C'est Madeleine.
3. ______ est-ce que tu trouves la maison? – Je trouve la maison super.
4. ______ font tes parents? – Ils regardent la télé.
5. ______ est-ce que vous demandez ça? – Parce que Frédéric est là.
6. ______ est-ce qu'ils regardent le film? – Ils regardent le film à la maison.

WISSEN+

Ou oder où?

Ou ohne *accent* heißt „oder".
Où mit *accent* heißt „wo".

Merke: Auf dem **„wo"** sitzt ein Floh.

Tu travailles **ou** tu dors?
Où est Pascal?

ÜBUNG 6 ***Quel désordre!*** **Was für eine Unordnung! Ordne den Fragen die passenden Antworten zu.**

1. Qui est Pierre?

Je déteste le fromage.

Parce qu'elle est à Bruxelles.

2. À qui est-ce que tu donnes le cadeau?

3. Pourquoi est-ce que Sabine n'est pas à la maison?

Elle commence à 8 heures.

C'est le copain de Luc.

4. Quand est-ce que l'école commence?

Je donne le cadeau à Stéphanie.

5. Qu'est-ce que tu n'aimes pas?

ÜBUNG 7 **Formuliere die passenden Fragen zu folgenden Antworten.**

– C'est Jean-Claude.

– J'habite à Stuttgart.

– Je m'appelle Christophe.

– Nous sommes de Berlin.

– Nicole travaille.

– C'est un cadeau pour Luc.

– Je prends une baguette parce que j'ai faim.

– Laurette et Frédéric chantent.

– Nadine travaille avec Nathalie.

– Nous rentrons à 1 heure.

ÜBUNG 8 **Wer oder was ist auf den Bildern?**

Qui est-ce? – C'est un monsieur.

WISSEN

Willst du wissen, was sich an einem Ort befindet, so nimmst du: ***qu'est-ce qu'il y a?***

Qu'est-ce qu'il y a dans la cuisine?
Qu'est-ce qu'il y a sur la table?

ÜBUNG 9 **Frage nach den rot hervorgehobenen Satzteilen. Achtung: Manchmal musst du dabei Pronomen und Verb anpassen!**

Nathalie est à l'école.

Il donne un livre à son frère.

Vous parlez à Martine

Tu commences à midi.

Elles font le travail sans fautes *(Fehler)*.

Madeleine achète une baguette à la boulangerie.

Annie regarde la télé.

C'est un cahier.

C'est M. Dubois.

Dans le sac à dos, il y a un portable *(Handy)*.

Derrière l'arbre, il y a des chats.

Check-up Fragen

45 Minuten

✗ **AUFGABE 1** **Ergänze *qui* oder *que / qu'*.**

1. Que fait Pascal? ✓
2. Qui cherche la souris? ✓
3. Qu' est-ce qu'il y a dans le salon? ✓
4. Qu' Qui est dans la chambre?
5. Qu' est-ce que c'est? ✓
6. ~~Que~~ Que font Nathalie et Nicole? ✓

✗ **AUFGABE 2** **Bilde Entscheidungsfragen mit *est-ce que*.**

Pascal et Claudine – arriver – à Paris

Est-ce que Pascal et C. arrivent à Paris ✓

Véronique – préparer – le repas *(das Essen)*

Est-ce que V. prépare le repas ✓

Nous – arriver – à Strasbourg

Est-ce que nous arrivons à Strasb. ✓

Elle – faire – ses devoirs

Est-~~que~~ ce que elle fait ses devoirs

Tu – aller – à l'école

Est-ce que tu vas à l'école ✓

AUFGABE 3 **Marie und Jeanne telefonieren miteinander. Leider gibt es immer wieder Störungen und Jeanne muss immer wieder nachfragen.**

Sabine habite ⁓⁓⁓► . –

Patrick et ses parents ⁓⁓⁓► . –

Mes amis racontent ⁓⁓⁓► . –

⁓⁓⁓► cherche un travail. –

TESTEN

×

AUFGABE 4 **Frage nach den rot hervorgehobenen Satzteilen.**

Florent est au lit parce qu'il a la grippe.

Pourquoi est-ce que F. est au lit? ✓

C'est une tomate.

Qu'est-ce que c'est ✓

Samedi, Pascal joue au foot.

Quand P. joue au foot.

Mme Leclerc travaille à l'hôpital.

~~Où~~ Où est-ce que Mme L. travaille ✓

M. Legrand va au musée.

Qui va au musée. ✓

C'est la mère de Robert.

Qu'est-ce que c'est Qui est-ce

Dans la maison, il y a trois salles de bains.

~~Que~~ Qu'est-ce qu'il y a dans la maison ?

À huit heures, je vais au lit.

Quand ~~je vais au lit~~ est-ce que tu vas ... ?

AUFGABE 5 **Was passt zusammen? Kreuze die richtige Antwort an.**

1. Quand est-ce qu'ils font du sport?
   - Ils font du sport au collège.
   - Ils font du sport le matin.
2. Qui est-ce?
   - C'est une table.
   - C'est mon ami Nicolas.
3. Que fait Frédéric?
   - Il est à l'hôtel.
   - Il travaille.

AUFGABE 6 **Übersetze die folgenden Sätze und schreibe sie in dein Übungsheft.**

Was ist in der Küche?
Wann spielst du Fußball?
Wo sind die Bücher?
Was machen Madeleine und Nadine?

TESTEN

8 Zahlen, Zeit- und Ortsangaben

8.1 Zahlen bis 100

Die Zahlen bis 10:

0	zéro	[zeʀo]	Elle tourne le film **une** fois.
1	un / une	[ɛ̃ / yn]	Nous sommes **deux** amis.
2	deux	[dø]	Madeleine achète **trois** baguettes.
3	trois	[tʀwa]	Il a **quatre** jeans.
4	quatre	[katʀ]	Il faut **cinq** pommes pour la tarte.
5	cinq	[sɛ̃k]	Maman fait **six** tartes pour l'anniversaire.
6	six	[sis]	Elle a **sept** CD.
7	sept	[sɛt]	Il y a **huit** assiettes sur la table.
8	huit	[ɥit]	Nous avons **neuf** cahiers.
9	neuf	[nœf]	Il est **dix** heures.
10	dix	[dis]	

Achtung: Vor einem femininen Substantiv wird *un* zu ***une.***

un citron – **une** tomate

Wenn den Zahlen ***cinq, six, huit*** und ***dix*** ein Substantiv mit Konsonant folgt, dann wird ihr Endkonsonant nicht gesprochen.

cinq‿arbres [sɛ̃kaʀbʀ] – cinq filles [sɛ̃fij]
six‿hôtels [sizɔtɛl] – six maisons [simɛzɔ̃]
huit‿anoraks [ɥitanɔʀak] –
huit robes [ɥiʀɔb]

Die Zahlen bis 19:

11	onze	[ɔ̃z]
12	douze	[duz]
13	treize	[tʀɛz]
14	quatorze	[katɔʀz]
15	quinze	[kɛ̃z]
16	seize	[sɛz]
17	dix-sept	[disɛt]
18	dix-huit	[dizɥit]
19	dix-neuf	[diznœf]

Vous avez **onze** tantes et **douze** oncles? – Non, j'ai **treize** tantes et **quatorze** oncles.

Il y a **quinze, seize** ou **dix-sept** chambres dans ton hôtel? – Non, il y a **dix-huit** chambres dans mon hôtel.

Marie invite **dix-neuf** amis.

Merke: Ab der Zahl **17** verbindet man Zehner und Einer mit einem Bindestrich. Beachte jedoch, dass im Deutschen und Englischen zuerst der Einer und dann der Zehner folgt.

dix-sept – *aber: siebzehn / seventeen*
dix-huit – *aber: achtzehn / eighteen*
dix-neuf – *aber: neunzehn / nineteen*

Die Zahlen von 20 bis 69:
20 vingt [vɛ̃]
30 trente [tʀɑ̃t]
40 quarante [kaʀɑ̃t]
50 cinquante [sɛ̃kɑ̃t]
60 soixante [swasɑ̃t]

21 vingt **et un / une**
22 vingt-deux
23 vingt-trois
24 vingt-quatre
25 vingt-cinq
26 vingt-six
27 vingt-sept
28 vingt-huit
29 vingt-neuf

An die Zehnerzahlen werden die Einerzahlen mit einem Bindestrich angeschlossen.

Achtung: Bei Zahlen mit der Einerzahl Eins am Ende steht ***et*** statt des Bindestrichs.

31 trente **et un / une**
41 quarante **et un / une**
51 cinquante **et un / une**
61 soixante **et un / une**

Vor einem weiblichen Substantiv steht ***une*** statt un.

Dans la cuisine, il y a vingt **et un** croissants et vingt **et une** baguettes.

Vingt wird gebunden ausgesprochen, wenn ein Substantiv **mit Vokal oder stummem *h*** folgt.

vingt hôtels – **vingt** arbres

Die Zahlen von 70 bis 100:
70 soixante-dix (60 und 10)
71 soixante et onze (60 und 11)
80 quatre-vingts (4 x 20)
81 quatre-vingt-un (4 x 20 + 1)
90 quatre-vingt-dix (4 x 20 + 10)
91 quatre-vingt-onze (4 x 20 + 11)

72 soixante-douze
73 soixante-treize
74 soixante-quatorze
75 soixante-quinze
76 soixante-seize
77 soixante-dix-sept
78 soixante-dix-huit
79 soixante-dix-neuf
82 quatre-vingt-deux
96 quatre-vingt-seize
98 quatre-vingt-dix-huit
99 quatre-vingt-dix-neuf

Achtung: Bei *quatre-vingt-un* und *quatre-vingt-onze* steht **kein *et!***
Quatre-vingts verliert sein *-s*, wenn eine weitere Zahl folgt.

80 quatre-ving**ts** – 83 quatre-vingt-trois

ÜBUNG 1 **Finde zehn Zahlen im Buchstabengitter und schreibe sie heraus. Vergiss die Bindestriche nicht.**

u	d	i	x	s	e	p	t	l	m
l	o	f	d	e	d	q	o	a	r
h	u	i	t	i	i	u	n	d	q
z	z	m	r	z	x	a	z	v	u
f	e	n	o	e	n	t	e	x	i
l	o	g	i	f	e	o	i	y	n
b	p	h	s	t	u	r	z	w	z
g	e	j	n	e	f	z	t	b	e
v	i	n	g	t	f	e	r	r	b
d	a	l	v	w	m	m	c	e	u

ÜBUNG 2 **Verbinde die Zahl mit dem richtigen Schriftbild.**

2	cent	0	quatre-vingt-onze
8	treize	3	vingt et un
13	soixante-sept	16	trois
22	quarante-neuf	21	zéro
36	vingt-deux	31	quatre-vingt-deux
49	deux	50	quatre-vingt-quinze
53	trente-six	80	seize
67	cinquante-trois	82	quatre-vingts
72	huit	91	trente et un
100	soixante-douze	95	cinquante

ÜBUNG 3 **Schreibe die folgenden Zahlen aus.**

12		16	
18		21	
33		45	
51		66	

ÜBEN

ÜBUNG 4 Nun sind es größere Zahlen, schreibe sie aus.

69	89
71	98
79	75
81	77

ÜBUNG 5 *Au magasin:* Formuliere zu den Bildern vollständige Sätze mit ausgeschriebenen Preisen. Folge dabei diesem Beispiel: *Le chapeau coûte dix-neuf euros vingt.*

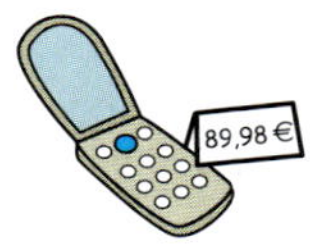

ÜBEN

ÜBUNG 6 **Was für ein Buchstabensalat! Welche Zahlen verbergen sich hier?**

taerqustvnig

nutevitgn

oietnaxs

tanreqau

tepsrteuqaxdingvit

ÜBUNG 7 **Schreibe das Ergebnis erst als Zahl und dann ausgeschrieben auf.**

cinquante-quatre + trente-trois – soixante =

quinze – quatorze – un =

vingt-neuf – seize + cinquante-cinq =

ÜBUNG 8 **Luc geht heute mit seinen Freunden ins Café. Was muss er bezahlen? Rechne in deinem Übungsheft und schreibe das Ergebnis auf Französisch auf.**

3 cafés à 2,55 | 6 croissants à 0,98 | 3 coca à 2,60

ÜBUNG 9 **Kannst du gut rechnen? In der ersten Tabelle musst du die Zahlen zusammenzählen, in der zweiten ziehst du sie ab. Als Hilfestellung kannst du die Zahlen in dein Übungsheft schreiben, bevor du das Ergebnis hier einträgst.**

plus +	treize	trente-cinq	soixante-dix
huit	vingt et un		
dix-sept			
vingt-cinq			

moins –	onze	vingt-deux	quarante-cinq
quarante-neuf	trente-huit		
soixante-dix-huit			
quatre-vingt-dix-neuf			

8.2 Mengenangaben

Man kann eine Menge durch ein **Substantiv** oder durch ein **Adverb** angeben. Im Französischen steht zwischen der Mengenangabe und dem Substantiv die **Präposition *de*.** Folgt ein Substantiv mit **Vokal** oder **stummem h,** so wird *de* zu *d'* verkürzt.	*Substantiv:* J'achète **une bouteille <u>de</u>** limonade. Elle boit **un litre <u>d'</u>**eau. *Adverb:* J'ai **beaucoup <u>de</u>** tomates. Nous avons **assez <u>d'</u>**argent.

Die häufigsten Mengenangaben sind:

assez de	genug	Nous avons **assez de** pommes.
beaucoup de	viel	Tu achètes **beaucoup de** pulls.
une boîte de	eine Dose	Il faut **une boîte de** tomates.
(un) peu de	ein wenig	Je prends **un peu de** limonade.
plus de	mehr	Vous avez **plus de** pulls.
moins de	weniger	Et moi, j'ai **moins de** pulls.
trop de	zu viel(e)	Elle fait **trop de** gâteaux pour la fête.
un verre de	ein Glas	Je voudrais **un verre de** coca.
une bouteille de	eine Flasche	Voilà **une bouteille de** vin.
un kilo de	ein Kilo	Dans la cuisine, il y a **un kilo de** sucre,
un litre de	ein Liter	**un litre de** lait et **deux kilos de** citrons.
une tablette de	eine Tafel (Schokolade)	Je mange **une tablette de** chocolat.

Achtung: Auch die Verneinungen ***ne ... pas / plus de*** gelten als Mengenangabe: Wenn ich etwas nicht habe, bezeichne ich die **Menge Null.** Den Begriff „Nullmenge" kennst du sicher aus der Mathematik (↑ auch Kap. 6.1).	Je **n'**ai **pas de** chocolat. (keine Schokolade) Nous **n'**avons **pas d'**eau. (kein Wasser) Il **n'**a **plus de** pommes. (keine Äpfel mehr)

ÜBUNG 10 **Nadine kauft ein. Verbinde die Substantive rechts mit den passenden Mengenangaben links und schreibe sie in dein Übungsheft.**

3 bouteilles – 2 kilos –
2 tablettes – peu – 1 litre –
12 – beaucoup de – 3 kilos

limonade – eau – baguettes –
fromage – bananes –
chocolat – oranges – tomates –
citrons – gâteaux

ÜBUNG 11 **Setze in die folgenden Sätze die vorgegebene Mengenangaben ein.**

Luc achète ________ carottes. (wenige)
Sandrine a ________ limonade. (eine Flasche)
Tu as ________ fromage ? (ein wenig)
Nous avons ________ café. (genug)
Vous avez ________ livres. (mehr)
Ils ont ________ BD. (weniger)

ÜBUNG 12 **Schreibe in dein Übungsheft, was Mme Durand heute einkauft.**

ÜBUNG 13 **Was ist richtig? Kreuze an.**

1. Mira prend deux verres	☐ la limonade.	☐ de limonade.
2. Pierre achète peu	☐ de baguettes.	☐ des baguettes.
3. Elles prennent douze	☐ de gâteaux.	☐ gâteaux.
4. Tu veux une tasse	☐ du thé?	☐ de thé?
5. Sur la table, il y a une bouteille	☐ d'eau.	☐ de eau.
6. Dans la cuisine, il n'y a pas	☐ des croissants.	☐ de croissants.

ÜBUNG 14 ***La salade niçoise:*** **Übersetze das Rezept der südfranzösischen Spezialität. Nimm dazu dein Übungsheft. Beginne mit:** ***Pour faire une salade niçoise, il faut …***

Nizza-Salat

- viel grünen Salat
- ein wenig Salz *(le sel)*
- 200 Gramm Oliven *(une olive)*
- eine Dose Thunfisch *(le thon)*
- ein Kilo Tomaten
- ein wenig Essig *(le vinaigre)*
- ein wenig Olivenöl *(l'huile d'olive (f))*
- 2 Zwiebeln *(un oignon)*

Guten Appetit!

ÜBUNG 15 **Setze** ***de*** **oder** ***des*** **richtig ein. Zwei Lücken bleiben leer.**

Tu as ______ cahiers? – Non, je n'ai pas ______ cahiers mais j'ai ______ classeurs *(Ordner)*.

Aujourd'hui, maman fait trois ______ gâteaux et ______ tartes pour mon anniversaire.

Dans la maison des Durand, il y a beaucoup ______ chambres, peu ______ salons et assez ______ salles de bains.

Les amis ont beaucoup ______ cadeaux pour Claire: Mathilde a déjà cinq ______ cadeaux pour son amie.

Nous n'avons plus ______ crayons. C'est pourquoi on achète assez ______ crayons et ______ stylos. Mais on prend aussi ______ blocs à dessin *(Zeichenblöcke)*.

ÜBUNG 16 **Übersetze die folgenden Sätze und schreibe sie in dein Übungsheft.**

Kaufen wir heute Äpfel ein? – Nein, wir haben genug Äpfel, aber wir haben wenig Bananen.
Ich esse ein wenig Schokolade. Du isst immer zwei Tafeln Schokolade.
Er isst keine Orangen, sondern er isst Tomaten.
Madeleine treibt viel Sport.
Auf dem Tisch stehen drei Liter Wasser, fünf Kuchen, zehn Flaschen Limonade und Baguettes, aber es sind keine Hörnchen da.

8.3 Uhrzeit

Fragt man nach der Uhrzeit, so hat man im Französischen mehrere Möglichkeiten. Das Wort für „Uhrzeit“ ist *l’heure (f).*

Il est **quelle heure?**
Quelle heure est-il?
Vous avez **l’heure?** – Tu as **l’heure?**

Folgendermaßen gibst du bei der Uhrzeit die volle Stunde an:
Il est* + Zahlwort + *heure(s).

Achtung: Da *heure* ein weibliches Substantiv ist, heißt es ***une heure.***
Ab ***deux heures*** (2 Uhr) bekommt ***heure*** immer ein **Plural-*s*.**

Il est une heure.

Il est deux heures.

Il est six heures.
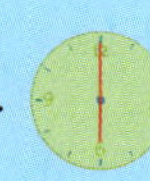

Il est onze heures.

Anders als im Deutschen zählt man im Französischen die halbe Stunde zur vorangehenden vollen Stunde dazu:

... et demie halb

Achtung: Bei ***et demie*** wird ein -*e* angehängt, da *heure* weiblich ist.

Il est **six heures et demie.**

So gibst du die Zeit mit „Viertel nach“, „halb“ oder „Viertel vor“ an:

... et quart	Viertel nach („und ein Viertel“)
... moins le quart	Viertel vor („weniger ein Viertel“)

Merke:
- Bei ***et quart*** steht **kein Artikel.**
- Bei ***moins le quart*** muss der **bestimmte Artikel** stehen.

Il est **six heures et quart.**

Il est **sept heures moins le quart.**

Wenn du die Uhrzeit in Minuten angibst, zählst du **bis halb** die Minuten zu der **vollen Stunde** dazu, **nach halb** ziehst du die Minuten von der **nächsten vollen Stunde** ab.

Il est une heure cinq.
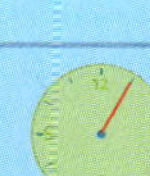

Il est deux heures vingt-neuf.

Il est quatre heures moins vingt-neuf.

Aufgepasst: „Mittag“ heißt ***midi,*** „Mitternacht“ heißt ***minuit.***
„Es ist 12 Uhr.“ wird **stets mit *«Il est midi / minuit.»*** übersetzt!

Il est **midi.**
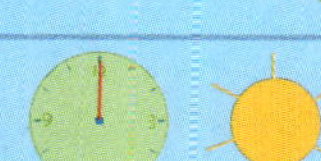

Il est **minuit.**
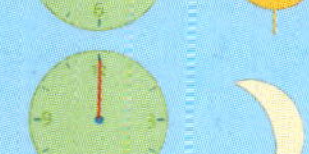

WISSEN

ÜBUNG 17 *Quelle heure est-il?* **Lies die Uhrzeit ab und schreibe sie aus.**

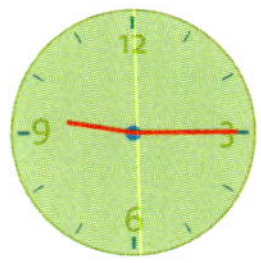

1.

2.

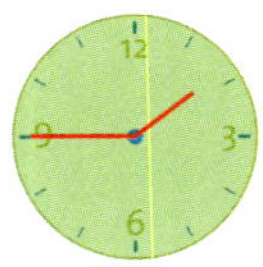

3.

4.

ÜBUNG 18 *Vous avez l'heure?* **Schreibe die Uhrzeit auf.**

10.20 h Il est

16.34 h

12.00 h

7.45 h

1.30 h

ÜBUNG 19 **Pierre hat heute seine Uhr vergessen. Vor dem Eiffelturm fragt er einige Touristen, die leider nicht gut Französisch sprechen. Verbessere die folgenden Sätze.**

ACHTUNG FEHLER

Il est douze heures.

Il est une heure et une demie heure.

Il est trois heures moins un quart.

Il est cinq heures et dix.

Il est quatre heures et un quart.

ÜBUNG 20 **Übersetze die folgenden Sätze in dein Übungsheft.**

Wie spät ist es ? – Es ist Viertel vor drei.
Ist es Mitternacht oder Mittag?
Es ist schon halb fünf!
Es ist Viertel nach elf. Jetzt mache ich eine Pause.

8.4 Orts- und Zeitangaben

Präpositionen des Ortes

Präpositionen des Ortes antworten auf die Fragen **„wo?“**, **„wohin?“**, **„woher?“**

Il est à la maison. *(wo?)*
Il va à la gare. *(wohin?)*

Merke dir folgende örtliche Präpositionen:

à Paris	in / nach Paris	Monique va **à Paris.**
à la maison	zu / nach Hause	Je suis **à la maison.**
au magasin	in den / zum Laden	Nous sommes **au magasin.**
à droite	nach rechts	Regardez, **à droite,** Notre-Dame,
à gauche	nach links	**à gauche,** la Seine.
chez Luc	zu / bei Luc (Person)	Je vais **chez** mon ami Pascal.
de Paris	von / aus Paris	Tu es **de Paris?**
dans	in	**Dans** l'armoire, il y a des pulls.
devant	vor	**Devant** l'ordinateur, il y a une souris.
derrière	hinter	Le chat est **derrière** la table.
en France	in / nach Frankreich	Je passe mes vacances **en France.**
en classe 5A	in die / in der Klasse 5a	Nadine est **en** cinquième B.
en face de	gegenüber	**En face de** l'hôtel, il y a un restaurant.
entre	zwischen	Ludivine est **entre** Nadine et Luc.
près de	in der Nähe von	Tu trouves un hôtel super **près de** Lyon.
sous	unter	**Sous** la chaise, il y a des chiens.
sur	auf	**Sur** le lit, il y a un chat.

Merke: „auf der Straße“ heißt ***dans la rue.***

Dans la rue de Rivoli, il y a des cafés, des magasins et des restaurants.

Präpositionen der Zeit

Präpositionen der Zeit geben an, **wann** etwas geschieht.

Merke dir folgende zeitliche Präpositionen:

à demain	bis morgen	Alors, **à demain!**
à trois heures	um drei Uhr	**À deux heures,** Madeleine rentre.
après	nach	**Après** l'école, nous faisons nos devoirs.
avant	vor	**Avant** la fête, je prépare des sandwichs.
jusqu'à	bis	Je travaille **jusqu'à** neuf heures.
pendant	während	**Pendant** les maths, je fais attention.

ÜBUNG 21 **Löse das folgende Rätsel. Schreibe die nummerierten Buchstaben auf die Schreiblinie unten über die roten Zahlen. Als Lösung ergibt sich ein Satz.**

1. nahe bei: _ _ _ _ _ _ (4)
2. in: _ _ _ _ (7)
3. zwischen: _ _ _ _ _ (8)
4. links: _ _ _ _ _ _ _ (9)
5. rechts: _ _ _ _ _ _ _ (2)
6. vor (zeitl.): _ _ _ _ _ (1)
7. hinter: _ _ _ _ _ _ _ _ (6)
8. vor (örtl.): _ _ _ _ _ _ (3)
9. bei (Person): _ _ _ _ (10)
10. gegenüber: _ _ _ _ _ _ _ _ (5)

Lösung: _ _ _ _ la _ _ _ _ _ _ !
1 2 3 4 5 6 7 8 9 10

WISSEN

„vor": zeitlich oder örtlich?

- Die Präposition ***avant*** ist zeitlich – Gegenteil: ***après*** (nach);
- Die Präposition ***devant*** ist örtlich – Gegenteil ***derrière*** (hinter).

Avant le cours d'allemand, je fais mes devoirs, après l'école, je joue au foot.
Devant la maison, il y a un arbre.
Derrière la maison, il y a le jardin.

ÜBUNG 22 **Setze die passenden Präpositionen ein.**

Le café est _______ la maison de Paul. (rechts von)

Pierre va _______ la piscine. (in)

_______ trois heures, nous travaillons. (um)

_______ la cuisine, il y a des baguettes et des croissants. (in)

La station de métro est _______ l'école. (nahe bei)

Les livres sont _______ la table. (auf)

_______ la table, il y a les sacs à dos. (unter)

ÜBUNG 23 **Vergleiche die Bilder, nenne die Unterschiede und schreibe sie in dein Übungsheft. Beispiel:** ***Le livre n'est pas sur la table, il est sous la chaise.***

ÜBUNG 24 **Übersetze die folgenden Sätze.**

Laurence ist immer vor dem Fernseher.

Die Schuhe sind hinter dem Sessel *(le fauteuil)*.

Das Sportgelände ist neben der Schule.

Vor der Unterrichtsstunde sind wir im Schulhof.

In der Nähe des Hotels gibt es ein Café.

Das Schwimmbad ist zwischen der Turnhalle und dem Park.

Heute gehen wir zu meiner Tante und dann zur Bäckerei.

Während der Ferien fährt er nach Berlin und nach Frankreich.

Check-up Zahlen, Zeit- und Ortsangaben

45 Minuten

AUFGABE 1 **Schreibe die folgenden Zahlen aus.**

15 ______ 61 ______
5 ______ 77 ______
14 ______ 80 ______
4 ______ 81 ______
30 ______ 98 ______

AUFGABE 2 **Schreibe die Rechenaufgaben mit französischen Zahlen und finde die Lösung. Hast du richtig gerechnet, so findest du die Zahl im Sack. Hake sie ab.**

16 + 22 + 38 – 50 = ______

69 – 18 – 11 + 32 = ______

97 – 44 – 20 – 24 = ______

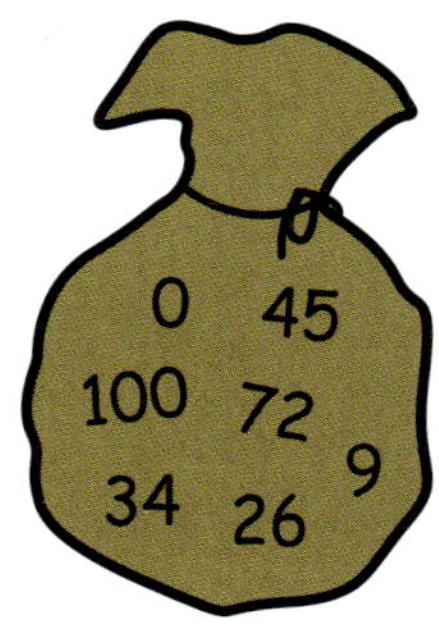

AUFGABE 3 **Was passt jeweils in die Lücke: *de, des, d'* oder bleibt sie leer?**

Marc: Nous avons encore ______ bananes?

Mme Dubois: Non, nous n' avons plus ______ bananes mais on a beaucoup ______ pommes. Achète ______ oranges, un kilo ______ tomates et trois ______ kiwis.

Marc: On a assez ______ café et ______ croissants?

Mme Dubois: On a un kilo ______ café mais il n'y a plus ______ croissants. Achète dix ______ croissants.

Marc: D'accord. J'achète aussi ______ abricots et deux litres ______ eau.

TESTEN

AUFGABE 4 **Der Tagesablauf von Charles. Bilde Sätze und bringe sie in die richtige Reihenfolge. Beispiel:** ***À six heures, Charles est dans la salle de bains.***

être au lit – aller à l' école – faire les devoirs – avoir cours – aller à la cantine – rentrer à la maison

7.16 h

7.50 h

12.00 h

16.31 h

17.15 h

0.00 h

AUFGABE 5 ***Au marché:*** **Du gehst auf den Markt. Deine Einkaufsliste ist lang. Schreibe in ganzen Sätzen, was du kaufst und berechne den Preis. Beispiel:** ***J'achète deux kilos de tomates. Ça fait trois euros quarante.*** **Benutze dazu dein Übungsheft.**

- 2 kg pommes
- 3 kg oranges
- 3 kg bananes
- 5 citrons
- 4 kg carottes

AUFGABE 6 **Übersetze die Sätze und schreibe sie in dein Übungsheft.**

Auf der Straße sind viele Autos und wenige Fahrräder.
Martine geht zur Bäckerei *(la boulangerie)*, Sara und Pascal gehen zu Pierre.
Vor der Schule ist ein Baum.
Vor der Pause *(la récréation)* gehe ich nach Hause.

1 Substantive und ihre Begleiter

Ü1 **la** rue – **le** citron – **l'**orange – **la** table – **la** chaise – **le** tableau – **la** chambre – **le** film – **la** maison – **la** télé

Ü2 1. la mère et **le père**
2. la fille et **le fils**
3. le copain et **la copine**
4. l'oncle et **la tante**

Ü3 **le** frère – **le** garage – **l'**entrée (f) – **le** musée – **la** plage – **la** vendeuse – **le / la** tour – **la** sœur – **le** voleur

Ü4 **le** téléphone – les **téléphones**
le jeu – les **jeux**
le gâteau – les **gâteaux**
le travail – les **travaux**
le salon de thé – les **salons de thé**
la grand-mère – les **grands-mères**
le cours – les **cours**

Ü5 Ce sont **les cadeaux** de Luc.
Ce sont **les prix** des pantalons.
Ce sont **les CD** et **la BD** de Nathalie.
Ce sont **les journaux** de mon père.
Ce sont **les Petit.**
C'est **la tour** de Pise.

Ü6 les fille**s** et le fils – une pomme – une souri**s** – des chapeau**x** –un jeu – des salle**s** de séjour – Madame Lagrange et les Dupont

Ü7 **Les Neveu** habitent à Paris.
Nadine regarde **les BD** de Luc et écoute **les CD** de Sabine.
La voiture de papa est au garage.
Dans **l'appartement** de Monique, il y a trois **salles de bains.**

Ü8 C'est **une lettre.**
C'est **un ordinateur.**
C'est **une étagère.**
Ce sont **des livres.**

Ü9 C'est **la** voiture de Pascal.
Ce sont **les** fleurs de ma mère.
C'est **le** jardin de ma tante.
Voici **les** élèves de mon oncle.

Ü10 **les** appartements
un copain
des sœurs
le quartier
les rues

Ü11 1. **le** jardin; 2. **un** banc; 3. **les** fleurs; 4. **des** champignons; 5. **les** champignons; 6. **des** chats; 7. **les** chats – **les** chats; 8. **la** maison – **le** dîner

Ü12 1. **des** fleurs; 2. **une** amie – **la** mère; 3. **les** olives; 4. **le** dimanche – **un** steak

Ü13 **Le** mercredi et **le** samedi, c'est le marché.
Au marché, il y a **des** stands avec **des** fruits et **des** légumes.
Là, il y a **des** pommes, **des** citrons, **des** tomates et **des** fleurs.
Nous aimons / On aime **les** pommes, **les** citrons et **les** fleurs, mais nous détestons / on déteste **les** tomates.
Aujourd'hui, il y a **des** oranges.
J'aime bien **les** oranges.

Ü14 1. à + le = au; 2. à + la = à la;
3. à + l' = à l'; 4. à + les = aux

Ü15 1. **à la** maison; 2. **au** marché; 3. **à l'**amie;
4. **aux** copains et **aux** copines

Ü16 1. **du** collège; 2. **de la** 5e B; 3. **de l'**école;
4. **des** classes du collège; 5. **de la** classe 5e B;
6. **des** élèves; 7. **des** interrogations; 8. **de l'**amie;
9. **de l'**Allemagne et **du** voyage

Ü17 Nathalie **fait du tennis.**
Simone **fait du foot.**
Adrien **fait du ski.**
Clara **fait du vélo.**

Ü18 Les Durand sont **à** Paris.
À 9 heures, ils vont **au** marché.
Aux stands, il y a des fruits et des légumes.
Les Durand apportent des oranges **aux** grands-parents.
Après, Mme Durand va **à la** boulangerie et **à l'**épicerie.
À la caisse, il y a des amis et on parle.
À midi, ils vont **à la** maison.
Mme Durand joue **du** piano, M. Durand joue **aux** cartes.

Ü19 une grand**e** maison – un petit chat – des joli**es** filles – des pull**s** noir**s** – des vrai**es** histoires – des chiens marron – une ville super – une salade verte – les jeux faciles

Ü20 des dames allemandes – des mauvaises notes – une nature verte – des tomates rouges – un pain marron – des chats blancs – une bonne tarte – une phrase longue – des livres intéressants

Ü21 Claire est une **petite** fille.
Gérard est un **grand** garçon.
Ludovic regarde une BD **intéressante.**
Monique et Frédéric adorent les histoires **bizarres.**
Mélanie aime bien les **jolies** robes.

Ü22 une / la grande maison – un / l'arbre vert – une / la bonne musique – des / les jolies filles – des / les voitures rouges – un / le coq français – un film super

Ü23 Die verbesserten Sätze:
Voilà les Durand_. Ils ont une grand**e** famille. M. et Mme Durand ont quatre petit**s** enfants ... La maison est super et les chambres sont grand**es.**
La cuisine est intéressant**e** ...
La salle de bains est vert**e** et noir**e.**
Le jardin est jol**i.**
Il y a des fleurs bleu**es** et roug**es.**

Ü24 Christine est **grande.** Elle porte **un pantalon / un jean rouge** et **un pull bleu.** Elle a **une souris blanche.** Elle est très **contente.**

Ü25 Sabine est une fille **allemande.** Elle est très **sportive.**
Au magasin, il y a des pommes **vertes,** des tomates **rouges** et des citrons **espagnols.**
Isabelle est une **bonne** élève. Elle a une correspondante **allemande.**
Aujourd'hui, Pierre porte un pantalon **noir** et une chemise **bleue,** Laurence porte un jean **orange** et des chaussures **marron.**
Patricia est une fille **sympa / sympathique** parce qu'elle est toujours **contente.**

Check-up Kapitel 1

A1 un arbre – l'arbre
des voitures – les voitures
une photo – la photo
une amie – l'amie

A2 1. les travaux; 2. les hôtels; 3. les prix; 4. des CD; 5. des cadeaux; 6. des histoires

A3 Voici **un** crayon. C'est à qui? C'est **le** crayon de Pascal.
Voilà **des** dessins. Ce sont **les** dessins de Monique? – Non.
Je cherche **une** papeterie. – Voici **la** papeterie de Mme Bernard.
Où sont **les** livres de Paul? Ils sont sur **l'**étagère? – Non, ils sont sous **le** lit de Paul.

A4 Ils vont **à l'école / au collège.**
Luc est **à la maison.**
Nous allons **à l'hôpital.**
Ce soir, nous sommes **au cinéma.**

A5 C'est la BD **d'**Astérix?
C'est la maison **des** parents **de** Luc? – Non, c'est la maison **des** frères **de la** copine Margot.
Le restaurant **de l'**hôtel est bon? – Je vais à la cantine **du** collège Clément.

A6 Aujourd'hui, M. Lacombe raconte l'histoire **de la** rue Rivoli **à** son fils Robert et **aux** copains **de** Robert.
Il montre **des** photos **de la** mairie et **des** magasins.
Après, ils vont ensemble **à la** mairie.
Robert: «Regarde la façade **de l'**hôtel Rivoli. C'est super!»
M. Lacombe: «**À l'**entrée **de l'**hôtel, il y a un grand salon. On entre et on regarde le salon **de l'**entrée?»

A7 On fait / Nous faisons du sport au collège aujourd'hui? Vous êtes d'accord?
Après, on va / nous allons à la maison et on écoute / nous écoutons des CD.
On joue / Nous jouons aux cartes ou au tennis.
Luc joue de la guitare et on chante / nous chantons des chansons de Faudel.
Pierre fait du ski.
Sandrine est une jolie fille.
Elle aime les pantalons bleus, les pulls verts et la bonne musique.
Je déteste les pantalons gris.

2 Pronomen

Ü1 1. **Il** est sur l'étagère. 2. **Elle** regarde un livre. 3. **Elles** sont dans la chambre de Marie. 4. Oui, **elle** téléphone. 5. Oui, **ils** sont d'accord.

Ü2 1. **Je m'appelle** Anne. 2. Oui, **ils attendent.** 3. **Ils sont** dans la cuisine. 4. **Ils travaillent.** 5. Non, **nous jouons.**

Ü3 1 + d; 2 + c; 3 + b; 4 + a; 5 + e

Ü4 **Ils** regardent un film.
Vous **travaillez** aujourd'hui, M. Petit? Oui, **je** travaille ce matin.
Ils cherchent des souris.
Elle est super.
On **fait / Nous** faisons un repas ensemble. Tu **es** d'accord?

Ü5 Clara et Philippe arrivent à Paris aujourd'hui. Ils visitent le Sacré-Cœur.
Vous cherchez le Louvre? – Non, nous cherchons la tour Eiffel.
Tu invites la prof d'allemand? – Non! J'invite le prof d'anglais.
On fait / Nous faisons une promenade? – D'accord.

Ü6 Il faut **mes** livres, **mes** stylos, **mon** agenda, **mes** cartes, **mes** robes, **mon** cahier, **mes** crayons, **mon** bloc à dessin, **mon** ordinateur, **mon** portab-

LÖSUNGEN

le, **mon / mes** CD, **mes** cassettes, **mon** journal et **mon** amie Claire.

■ **Ü7** Vous avez **vos** cahiers, **vos** livres et **votre** stylo? – Oui, voici **nos** cahiers, **nos** livres et **notre** stylo.
Où sont **votre** porte-monnaie, **votre** crayon rouge et **vos** feutres? – Voici **notre** porte-monnaie, **notre** crayon rouge et **nos** feutres.
Vous avez **votre** sac à dos? – Oui, et nous avons aussi **nos** casques.

■ **Ü8** Claude: C'est **ton chien?** Pascal: Oui, c'est **mon chien.**
Claude: Qui est- ce? C'est **ta tante?** Pascal: Non, c'est **ma grand-mère.**
Claude: Et là? Qui est-ce? Ce sont **tes copains?** Pascal: Non, ce sont **mes frères.**
Claude: C'est **ta sœur** avec **tes parents?**
Pascal: Oui, c'est **ma sœur** avec **mes parents.**
Claude: C'est **ton grand-père?** Pascal: Oui, c'est **mon grand-père** avec **mon / son ordinateur.**

■ **Ü9** Nadine habite à Paris. **Son** collège est aussi à Paris. – Nadine wohnt in Paris. Ihre Schule ist auch in Paris.
Maintenant, Nadine est dans **sa** chambre. – Jetzt ist Nadine in ihrem Zimmer.
Elle cherche **son / ses** CD de Louise Attaque et **ses** cassettes de Corneille. – Sie sucht ihre CD / CDs von Louise Attaque und ihre Kassetten von Corneille.
Elle regarde sous **son** lit. Ah, voilà **son / ses** CD et **ses** cassettes. – Sie schaut unter ihr Bett. Ah, da sind ihre CD / CDs und ihre Kassetten.
Luc habite à Obernai. **Son** collège est à Strasbourg. – Luc wohnt in Obernai. Seine Schule ist in Straßburg.
Maintenant, Luc est dans **sa** chambre. – Jetzt ist er in seinem Zimmer.
Il cherche **ses** patins à roulettes. Il regarde sous **sa** table. – Er sucht seine Rollschuhe. Er schaut unter seinen Tisch.
Il trouve **ses** photos et **ses** cartes postales de Berlin. – Er findet seine Fotos und seine Postkarten von Berlin.

■ **Ü10** Nous faisons toujours **nos** devoirs avec **notre** copine.
Voilà Étienne et Laurette dans **leur** chambre devant **leurs** ordinateurs.
Vous aimez **vos** élèves, Madame Berthier et Monsieur Legrand? – Oui, nous aimons bien **nos** élèves.

■ **Ü11** Clara et **son** frère vont voir **leur** tante / rendent visite à **leur** tante ce matin.
Au collège, les élèves fêtent l'anniversaire de **leur** professeur.
Christine et Quentin, **vous** êtes très fatigués aujourd'hui.
Madame Durand, comment va **votre** mari? – Merci, il va très bien.
Maman regarde **ses** jupes parce qu'elle cherche **sa** jupe rouge.

■ **Ü12** **ce** restaurant, **ces** maisons, **cet** hôtel, **cet** arbre, **ces** rues, **ce** fleuve, **ces** magasins, **cette** place, **ces** cafés, **ces** musées, **cette** librairie, **cette** gare

■ **Ü13** Comment s'appelle **cette** ville? – C'est **Paris.**
Ce fleuve est entre la France et l'Allemagne. – C'est **le Rhin.**
Cet acteur joue le rôle d'Obélix. – C'est **Gérard Depardieu.**
Cette jeune fille chante «Moi, Lolita». – C'est **Alizée.**

■ **Ü14** **1. ce** portable; **2. ces** magasins – **cette** jupe; **3. Ces** pulls et **ces** pantalons; **4. cet** anorak; **5. ces** robes

■ **Ü15** Pascal et **ses** parents passent les vacances en France.
C'est mon oncle.
Regarde **ces** ordinateurs dans ce magasin.
C'est le voisin de Mme Arnaud.
Cet anorak me plaît.

■ **Ü16** Michel **les** mange.
Monique **le** donne à Pascal.
Vous **les** mangez.
Tu **les** visites aujourd'hui?
On **l'**aide.

■ **Ü17** le croissant
les profs
les chats
la tarte aux pommes
les souris

■ **Ü18** Oui, nous **les** passons en Espagne.
Oui, les élèves / ils **l'**écoutent.
Oui, je **la** vois.
Oui, nos amis / ils **le** trouvent.
Oui, on **les** appelle.
Oui, nous **l'**attendons.
Oui, elle **les** aime.

■ **Ü19** Non, je ne **les** regarde pas.
Non, nous ne **la** voyons pas / je ne **la** vois pas.
Non, je ne **le** comprends pas.
Non, elles ne **l'**entendent pas bien.
Non, ils ne **l'**aiment pas.

Ü20 **1.** Je ne **t'**aime plus. Tu **m'**écoutes? Tu **me** comprends?
2. Oui, je **t'**écoute, mais je ne **te** comprends pas! ... Je **t'**aime et je **t'**adore. Je **te** porte toujours du fromage.
3. Non, tu **me** détestes parce que ...
4. ... Il **nous / t'**agace.
5. ... Vous ne **nous / m'**agacez plus. ...

Ü21 Tu peux visiter le musée? – Oui, je peux le visiter.
Vous voulez regarder l'Arc de Triomphe? – Oui, nous voulons le regarder.

Ü22 **1.** Ah non, je ne veux pas **les** acheter. **2.** Non, je ne **les** aime pas. **3.** Oui, je vais **les** prendre. **4.** Non, je ne **le** vois pas. **5.** Oui, il faut **l'**acheter.

Ü23 Je ne **les** vois pas.
Tu cherches ton ami? Non, je **ne le** cherche pas.
Non, je ne **les** donne pas, je **les** garde.
Non, elle ne veut pas **les** acheter.

Ü24 *Mme Durand:* Tu prépares le sac à dos, Julie?
Julie: Oui, je **le** prépare.
Mme Durand: Tu as le pain?
Julie: **Le** voilà. Où sont les boissons? Il faut **les** chercher.
Mme Durand: **Les** voilà. Mais le fromage? Ah, je **le** vois. Et où est la tarte aux pommes?
Julie: **La** voilà. Maintenant, il faut attendre nos amis. Tu **les** appelles?
Mme Durand: Oui, je vais **les** appeler.

Check-up Kapitel 2

A1

	Subjekt-pron.	Direktes Objektpron.	Possessiv-begleiter
1. Pers. Sg.	je	me	mon, ma, mes
2. Pers. Sg.	tu	te	ton, ta, tes
3. Pers. Sg. m	il	le	son, sa, ses
3. Pers. Sg. f	elle	la	son, sa, ses
1. Pers. Pl.	nous	nous	notre, nos
2. Pers. Pl.	vous	vous	votre, vos
3. Pers. Pl. m	ils	les	leur, leurs
3. Pers. Pl. f	elles	les	leur, leurs

A2 **sa** mère – **son** père – **ses** grands-parents – **sa** sœur – **son** frère – **ses** oncles – **sa** tante
leur salon – **leurs** salles de bains – **leur** cuisine – **leurs** chambres – **leur** jardin
notre maison – **nos** chambres – **notre** salon

A3 **ce** musée – **ces** maisons – **cette** rue – **ce** parc – **ce** château – **cet** hôtel – **cet** arc – **ces** bouquinistes

A4 Il **la** donne à Mme Dubois.
Tu ne vas pas **les** acheter au marché.
Elle ne **l'**explique pas à son élève.

A5 **Ils la** racontent à Martina.
Ils les donnent à maman.
Elles les cherchent sous la table.
Ils vont **le** faire ce soir.
Ils le prennent à sept heures du matin.

A6 Non, **il** ne va pas **les** manger.
Non, **ils** ne veulent pas **l'**expliquer aux élèves.
Non, **ils** ne peuvent pas **la** regarder.
Non, il ne faut pas **l'**acheter.

A7 Voilà Pierre et Luc. Vous allez dans **leur** maison ou dans **votre** maison?
Aujourd'hui, Martina et **sa** sœur vont chez **leur** tante Mireille.
Tu veux acheter **cet** appartement? – Je vais **l'**acheter, bien sûr.
Je peux **vous** aider? – Non, vous ne pouvez pas **m'**aider.
Nous adorons les frites. Vous **les** aimez aussi? – Nous **les** adorons. Nous pouvons **les** manger toujours.

3 Verben

Ü1

dessiner	nous dessinons	ils dessinent	on dessine
poser	elle pose	vous posez	je pose
habiter	j'habite	tu habites	nous habitons
aimer	il aime	ils aiment	tu aimes
chercher	je cherche	nous cherchons	ils cherchent
trouver	tu trouves	vous trouvez	elles trouvent

Ü2 j'entre – vous chantez – tu poses – nous marchons – elles ramassent – je regarde

Ü3 Maman raconte une histoire.
Luc et Pierre parl**ent** beaucoup.

Tu dans**es** avec moi?
Nous regard**ons** par la fenêtre.
On jou**e** au foot ou au tennis?
Elles habit**ent** à Paris.

Ü4 Tu **dessines** la nature.
Aujourd'hui, je **travaille.**
Les élèves **écoutent** le prof.
Ce soir, nous **arrivons** à Nice.
Tout à coup, le téléphone **sonne.**
Vous **préférez** le café ou le thé?

Ü5 joues – paie – adore – détestons – entrez

Ü6 Nous **restons** à la maison.
Pascal **regarde** la télé.
Il **adore** cet acteur.
Dans le salon, Nadine et Pascal **écoutent** des CD de Jacques Brel.
Maman et papa **travaillent** dans le jardin.
Ils **aiment** bien la nature.
Moi, je **travaille** pour le collège.
À midi, nous **mangeons** au restaurant «Le Lion d'Or».
Ce soir, nous **achetons** des billets pour le cinéma.
Après, Pascal **achète** des frites.

Ü7 Nous **parlons** avec nos amis.
Sabine et Pierre **travaillent** ensemble.
Ce soir, je **regarde** un film au cinéma.
Yasmina, tu **entres?** Le téléphone **sonne.** – Oui, j'**arrive.**
Vous **préférez** les croissants ou les bananes? – Nous **préférons** les bananes.
Vous **achetez** un cahier? – Non, j'**achète** un livre.
D'abord, nous **mangeons** et après, nous **commençons** le travail.

Ü8

sortir	nous sortons	ils sortent	je sors
ouvrir	j'ouvre	vous ouvrez	elle ouvre
dormir	tu dors	il dort	ils dorment
partir	vous partez	tu pars	nous partons

Ü9 elle ouvre → nous ouvrons → nous mangeons → nous commençons → tu commences → tu pars → elles partent → elles offrent → j'offre → je sors → vous sortez → vous dormez → je dors → je pars

Ü10 ils / elles ouvrent – nous dormons – il / elle / on sort – je pars / tu pars – vous achetez – je paie / il / elle / on paie – je dors / tu dors – tu offres – j'ouvre / il / elle / on ouvre – vous partez – nous ouvrons – ils / elles sortent – j'offre / il / elle / on offre

Ü11 dort – sors – ouvres – offrons

Ü12 Nadine **ouvre** une bouteille.
Pierre **sort.**
Sabine **offre** une pomme à Sandra.
Le bébé **dort.**
Le matin, les fantômes **dorment.**

Ü13 **1.** offre**s**; **2.** ouvr**e**; **3.** ouvr**e**; **4.** regarde**s**; **5.** pa**y**ez
Lösungswort: Louvre

Ü14 Nous ouvrons la porte.
Tu offres un gâteau à Claire.
Aujourd'hui, les enfants dorment vite.
Ce soir, il sort avec ses amis.
À sept heures, nous partons en vacances.
Mes parents nous offrent une limonade.
Je dors dans ton lit.

Ü15 **1.** tu prends; **2.** il prend; **3.** nous prenons; **4.** elles vendent; **5.** ils descendent; **6.** je réponds; **7.** on attend; **8.** vous prenez; **9.** tu attends; **10.** il répond; **11.** nous attendons; **12.** elles perdent; **13.** je descends; **14.** vous perdez; **15.** elle vend / rend; **16.** je comprends

Ü16 nous attendons – vous vendez – tu vends – ils attendent – ils perdent – tu apprends – vous rendez – il comprend – j'entends – nous prenons – elles répondent – ils apprennent – nous perdons – je prends

Ü17 je prends / tu prends
nous apprenons
ils prennent / elles prennent
il perd / elle perd / on perd

Ü18 descendent – rendons – attend – comprenons – entends

Ü19 Manon et Luc **attendent** le bus.
Madame, vous **vendez** des pommes?
Mme Dubois **descend** du taxi / **prend** le taxi.
Pierre **apprend** la grammaire.

Ü20 Tu **attends,** Marianne?
Vous **vendez** des fruits ou des légumes?
Tu **apprends / comprends** la leçon d'anglais?
Maintenant, nous **apprenons / comprenons** l'allemand.
Isabelle **prend** un chocolat.
Les élèves **prennent** les livres.

Ü21 On **attend** déjà depuis une heure.
Tu **entends** la musique?
Tu **perds** tout.
Mme Dubois **descend** du métro.
Au marché, on **vend** des tomates.
Vous **comprenez** les maths? – Oui, nous **comprenons** les problèmes de maths.

Nos amis **prennent** un thé et un sandwich et nous **prenons** un café et une tarte aux pommes. Marc et Yvonne **apprennent / comprennent** l'anglais.

Ü22 Ce matin, les élèves apprennent la géographie.
Nous vendons la maison de Pauline.
Mes parents prennent le café au bistrot.
Tu comprends ma question?
Nous prenons le métro.

Ü23 Mes frères apprennent toujours pour l'école.
Ils comprennent les devoirs et ils ne perdent pas les livres.
Ils répondent toujours à notre prof.
Le lundi, ils prennent le bus.
Je n'apprends pas et je ne réponds pas à notre prof.

Ü24 **avoir:** j'ai, tu as, il / elle / on a, nous avons, vous avez, ils ont
être: je suis, tu es, il / elle / on est, nous sommes, vous êtes, ils sont

Ü25 1. fais; 2. fais; 3. fait; 4. font; 5. Nous faisons – nos parents font

Ü26 1. sont; 2. fais; 3. êtes; 4. fais; 5. ont

Ü27 Nous **avons** treize ans.
Monique **a** seize ans.
Mes grands-parents **ont** soixante-cinq ans.

Ü28 Ça **va?**
Ça **va** bien, et toi?
Aujourd'hui, je **vais** chez le médecin.
Tu **vas** chez le médecin, et après, nous **allons** au café.

Ü29 **1.** Luc **va chez** le dentiste. **2.** Les touristes **vont à** la tour Eiffel. **3.** Nous **allons au** parc. **4.** Sabine **va à** la boulangerie. **5.** Vous **allez chez** Pierre. **6.** Ils **veulent aller à** la maison. **7.** Je **veux aller chez** le médecin. **8.** Nous **voulons aller à** la papeterie.

Ü30

B	S	P	X	T	P	E	U	X	H	U	L	L	P
Z	T	F	G	V	O	U	L	E	Z	P	Y	B	N
L	K	J	H	G	U	Z	E	U	R	E	M	D	N
W	Q	V	T	Z	V	O	Y	V	E	U	X	E	Z
O	P	E	W	E	O	S	P	U	T	V	E	U	T
V	O	U	L	O	N	S	P	R	T	E	V	L	U
H	M	L	L	E	S	A	B	M	B	N	E	C	E
U	E	E	A	Z	U	O	P	Q	U	T	P	U	P
J	L	N	T	B	B	A	M	V	G	E	U	L	R
C	X	T	P	E	U	S	V	E	U	L	E	Z	T

je / tu peux – il / elle / on peut – nous pouvons – ils / elles peuvent
je / tu veux – il / elle / on veut – nous voulons – vous voulez – ils / elles veulent

Ü31 Mon ami peut faire ses devoirs maintenant.
Tu sais le français? – Oui, je sais le français.
Je voudrais une pomme.
Ma tante a déjà 83 ans.
Vous faites vos devoirs chez Pierre?
Ils lisent des livres.
Vous dites la vérité.
Ils mettent le sac à dos sur la table.
Nous écrivons une lettre.

Check-up Kapitel 3

A1

perdre	nous perdons	comprendre	il comprend
sortir	elle sort	aller	je vais
acheter	j'achète	pouvoir	tu peux
faire	vous faites	ouvrir	il ouvre
être	vous êtes	manger	tu manges

A2 **1.** elle veut; **2.** vous dormez; **3.** nous pouvons; **4.** ils partent; **5.** tu attends; **6.** je dis; **7.** on fait; **8.** nous faisons; **9.** elles apprennent; **10.** vous lisez
Lösungswort: tour Eiffel

A3 On achète – nous achetons – On va – on prend – nous allons – on mange – mangeons

A4 **Lösungsvorschlag:**
L'après-midi, les enfants dorment jusqu'à cinq heures / sur le lit de Stéphanie.
Le train pour Paris part à neuf heures.
Pendant les vacances, Luc sort de l'hôtel.
Après l'école, Mme Dubois part en vacances / à Paris.
Chérie, ce soir, nous sortons à deux / nous partons à Paris.
À l'école, les élèves comprennent les maths.
Aujourd'hui, nous partons à Paris / en vacances. / Aujourd'hui, nous sortons à deux.
Le chat Minou dort sur le lit de Stéphanie / jusqu'à cinq heures.

A5 Après le dîner, les copains **lisent / discutent.**
Edouard et Maxime **achètent / lisent / prennent / commencent** un livre sur Paris.
Madeleine **écrit / commence** une lettre à sa copine Claudine.

Richard **lit / achète / prend** un journal de télé.
«Regarde», **dit** Richard, «il y a un film sur Astérix à la télé.»
«Mais le film **commence** à 11 heures.»
«C'**est** trop tard?»
«Oui, nous **allons** à l'école demain.», **répond / dit** Edouard.
«Et toi, tu **achètes** des sandwichs.»

A6 Je voudrais – je veux – Vous voulez visiter – Nous voulons bien – Tu veux écouter – je veux regarder

A7 Richtig sind die Verbformen bei 2, 4, 5, 6 und 8.
Bei den anderen lautet die korrekte Verbform:
1. tu peu**x**; **3.** je fai**s**; **7.** nous sa**v**ons; **9.** vous di**tes**; **10.** elles li**s**ent; **11.** nous p**ou**vons; **12.** ils **vont**

A8 nous all**ons** – Elle sai**t** – nous mang**eons** – Ma tante Sophie et mon oncle Ludovic **ont** – nous p**ou**vons – Mon oncle Ludovic aime li**re** et jou**er** – Il ach**è**te – ce week-end e**st** magnifique! – J'atten**ds**

A9 Sophie a quel âge? – Elle a dix-sept ans.
Aujourd'hui, nous allons à la piscine. Après, nous allons chez oncle Pierre.
Je voudrais des pommes, des tomates et des citrons.
Je sais jouer au foot mais aujourd'hui, je ne peux pas jouer (au foot), je suis fatigué.

4 Tempus und Modus

Ü1 il / elle / on veut – ils / elles savent – je / tu sais – nous pouvons – nous savons – je / tu peux

Ü2 Nous voulons manger.
Je peux être prof.
Il sait chanter.
Vous voulez jouer.
Tu peux rentrer.

Ü3 Minou veut manger.
Alexandre veut / sait nager.
Sandrine veut aller dans le parc.
Mon grand-père peut / veut / sait travailler avec l'ordinateur / sur ordinateur.
Ils veulent / savent / peuvent jouer au foot / faire du foot.

Ü4 Vous **voulez** aller dans un restaurant à Paris. Mais vous ne **pouvez** pas trouver un restaurant super. On **peut** demander à l'office de tourisme.
Tu **sais** parler l'allemand? – Oui, mais je ne **peux** pas parler à présent, j'ai mal aux dents.
Vous **savez** jouer au tennis? – Non, mais je **sais** faire du foot.
À midi, ils **veulent** rentrer à la maison mais ils ne **peuvent** pas.
Vous **pouvez** m'aider? – Oui, je **peux** et je **veux** vous aider.

Ü5 Oui, je veux **les regarder.**
Oui, nous pouvons / je peux **le trouver.**
Oui, ils savent **le parler.**
Oui, nous voulons / je veux **l'acheter.**
Oui, tu peux / vous pouvez **la regarder.**

Ü6 Non, je ne veux pas les apprendre.
Non, je ne veux pas les regarder.
Non, je ne veux pas la manger.
Non, je ne veux pas le chercher.
Non, je ne veux pas la prendre.
Non, je ne veux pas les acheter.

Ü7 Je veux aller chez ma tante.
Nous ne pouvons pas regarder la télé aujourd'hui.
Il sait dessiner.
Où est la voiture? – Je ne peux pas la trouver.

Ü8 je vais dormir – tu vas dormir – il va dormir – nous allons dormir – vous allez dormir – ils vont dormir

Ü9 **1.** nous allons prendre; **2.** je vais attendre; **3.** elle va ouvrir; **4.** tu vas raconter; **5.** nous allons faire; **6.** vous allez sortir

Ü10 Je **vais travailler** comme prof.
Je **vais avoir** une femme et une maison.
Je **vais être** propriétaire d'un chien.
Ma femme et moi, nous **allons avoir** trois enfants.
Je **vais faire** du foot et je **vais habiter** à Paris.

Ü11 **Lösungsvorschlag:**
Tu vas raconter des histoires.
Nous allons prendre un café.
Vous allez parler allemand.
Il va attendre son amie.
Vous allez partir en vacances.
Elle va dessiner un arbre.
Je vais écouter mon nouveau CD.
Tu vas ouvrir le livre.
Tu vas dormir dans ton lit.
Nous allons aller à la piscine.

Ü12 Luc **va jouer** de la guitare.
Bernadette **va aller** à l'école.
Sabine **va écouter** un CD de Patrick Bruel.
Vous **allez aller** à la boulangerie.
Tu **vas visiter** la tour Eiffel.

Ü13 On **va faire** de la gymnastique.
Tu **vas donner** des réponses.
Mes amis ne **vont** pas **habiter** à Paris.
Demain, nous **allons sortir** avec nos parents.
M. et Mme Rocher **vont trouver** un appartement.

Ü14 Demain, nous allons aller chez Laurette.
Aujourd'hui, je ne vais pas manger au restaurant.
Où sont les livres? – Les voilà. Nous allons / On va les porter à la maison.
Tu vas visiter le musée? – Non, je ne vais pas le visiter.

Ü15 **1.** mangé; **2.** lu; **3.** pris; **4.** été; **5.** sorti; **6.** fait; **7.** perdu; **8.** parti; **9.** vendu; **10.** pu; **11.** eu; **12.** ouvert

Ü16 boire: **bu** – savoir: **su** – comprendre: **compris** – offrir: **offert** – attendre: **attendu**

Ü17 nous avons visité
nous avons mangé
Maman a pris – nous avons préféré
on a regardé – nous avons continué
nous avons retrouvé – on a dormi

Ü18 À 7 heures, nous avons pris le petit-déjeuner.
Nous avons mangé des croissants.
Après le petit-déjeuner, nous avons préparé nos sacs à dos.
À 7 heures et demie, papa a quitté la maison pour aller au bureau.
À 8 heures, nous avons été au collège.
Le travail a commencé!

Ü19 Patrick a accompagné ...
Mon frère a pris ...
Tu as compris...
Ma grand-mère m'a raconté ...
Sabine a passé ...
Il a ouvert ...
Nous n'avons pas pu regarder ...

Ü20 J'ai réparé mon ordinateur.
Nous avons organisé une fête et nous avons invité nos amis.
Mon père et moi, nous avons visité un musée.
Mes sœurs ont regardé un film.

Ü21

	2. Pers. Sg.	2. Pers. Pl.	1. Pers. Pl.
écouter	écoute	écoutez	écoutons
attendre	attends	attendez	attendons
prendre	prends	prenez	prenons
dormir	dors	dormez	dormons
aller	va	allez	allons

Ü22 Victor, **ramasse** les papiers, **range** ta chambre, **joue** du piano, **va** à l'école, **apprends** la grammaire, **écoute** le prof.

Ü23 **ne joue pas** avec tes livres, **ne regarde pas** par la fenêtre, **ne parle pas** à tes copains, **ne chante pas** pendant les cours, **ne dors pas** à l'école, **ne va pas** à la maison, **ne mange pas** pendant les cours.

Ü24 **Attendons** devant l'école!
Ne dormez pas trop longtemps!
Luc, **va** à la maison! Pierre et Christine, **allez** chez tante Clotilde!
N'allons pas chez le médecin!

Check-up Kapitel 4

A1 **1.** su; **2.** été; **3.** pris; **4.** ouvert; **5.** fait; **6.** voulu

A2 j'ai fait – nous avons pris – tu as eu – elle a acheté – elles ont compris – il a été – on a répondu – vous avez ouvert – il a su – nous avons pu

A3

	2. Pers. Sg.	2. Pers. Pl.	1. Pers. Pl.
donner	donne	donnez	donnons
aller	va	allez	allons
partir	pars	partez	partons
répondre	réponds	répondez	répondons
apprendre	apprends	apprenez	apprenons

A4 dis – écoute – dormons – sors – monte – regarde – (p)rends

a	k	m	d	i	s	r	i	t	s
t	r	é	o	p	r	e	p	s	i
t	a	c	r	e	g	a	r	d	e
e	c	o	m	o	n	t	e	s	l
n	o	u	o	v	o	n	n	t	u
d	n	t	n	l	m	f	d	i	t
t	t	e	s	o	r	s	s	o	u

A5 Fais les devoirs.
Écoute les professeurs.
Ne joue pas aux cartes à l'école.
Ne regarde pas par la fenêtre.

A6 Samedi, nous voulons sortir.
On va faire une promenade dans la nature.
Après, nous voulons inviter des amis.

Nos amis Claudine et Jean vont apporter des tartes.
Ma cousine Rachel peut faire une salade de fruits.

A7 Patrick va travailler comme dessinateur.
Grégory va faire de la musique.
Victor et Nathalie vont faire du sport.
Tu vas habiter à Berlin et tu vas avoir un hôtel.

A8 je vais travailler
Je ne peux pas comprendre
Je vais apprendre
ma famille a passé
On a nagé
nous avons joué et mes parents ont dormi
nous voulons faire
On ne peut pas aller
Ils vont être en vacances.

A9 Nous avons perdu le match de tennis.
Elle a attendu sa mère.
Tu as bien dormi dans ce lit?
Ils n'ont pas entendu les CD.
Vous avez eu une maison super!

A10 Hier, j'ai réparé mon vélo.
Demain, nous allons acheter une radio.
Je sais jouer au tennis.
Nous voulons sortir aujourd'hui.
Papa n'a pas vendu la voiture.

5 Wortstellung

Ü1 attendre: direktes Objekt
parler: indirektes Objekt (*Präposition:* à / avec)
écouter: direktes Objekt
téléphoner: indirektes Objekt (*Präposition:* à)

Ü2 Nous parlons **à** notre professeur.
Isabelle attend ses amis.
Les correspondants écrivent des lettres **aux** élèves.
Luc écoute des CD dans le salon.
Maman montre des photos **aux** amis.
Tu donnes les livres **au** garçon.

Ü3 **1.** Laurent téléphone **à** son amie / sa copine.
2. Laurence écrit une lettre **à** sa tante Emma.
3. Le chat Minou attend des / les souris.

Ü4 Nous téléphonons à nos parents.
Ludo et Nathalie écoutent le professeur.
Mme Durand écrit des lettres à sa sœur.
Tu penses aux vacances.
Vous racontez une histoire aux enfants.

Ü5 Diese Sätze müssen verbessert sein:
Je demande toujours une explication **à** mon professeur.
Il explique toujours les problèmes **aux** élèves.
Il aide aussi ses élèves. *(Ohne Präposition!)*
Le soir, je téléphone **à** mon oncle.
Il parle **à** mon professeur et dit: «Expliquez les maths **à** vos élèves encore une fois.»

Ü6 Pascal montre ses livres **à** Madeleine.
Claire donne un cadeau **à** Marie.
Aujourd'hui, ma fille **m'**aide.
Nous écrivons une lettre **à** Claudine.
Les élèves ne **l'**écoutent jamais.
Vous **me** téléphonez.

Ü7
Luc attend Mélanie devant le cinéma.
S V dir. O adv. B des Ortes

Le week-end, elle écrit une lettre à son amie.
adv. B der Zeit S V dir. O indir. O

Après le repas, nous prenons un café
adv. B der Zeit S V dir. O
dans le salon.
adv. B des Ortes

Ü8 C'est la fête de Claire ce soir.
Les copines de Claire sonnent et apportent des salades / gâteaux.
Claire ouvre la porte.
Elles préparent des jus de fruits et des gâteaux / salades dans la cuisine.
Dans la salle de séjour, elles écoutent des CD et dansent.
Après, on mange.

Ü9 Dans la maison de Pascal, **il y a** une salle de bains, une chambre et un salon / une salle de séjour.
Dans le carton, **il y a** l'ordinateur.
Les livres **sont** sur la chaise.
Les pommes? Elles **sont** sur la table.

Ü10 quand – wenn
parce que – weil
que – dass

Ü11 Je ne travaille pas **parce que** je suis fatigué.
Il dit **qu'**il ne veut pas aller à l'école.
Nous ne pouvons pas manger de frites **parce que** maman ne fait pas la cuisine aujourd'hui.
Quand il pleut, les amis ne peuvent pas aller à la piscine.
Elle répond **que** sa mère n'est pas à la maison.

Ü12 Je fais une promenade quand il fait beau.
Nous disons que l'école commence à 8 heures.

Victor ne comprend pas Valentin parce qu'il parle allemand.
Sabine répond qu'elle joue au foot.

Ü13 **1.** Mon père dit / pense / trouve **que** c'est fou.
2. Il dit / pense / trouve **que** je suis trop jeune.
3. Il dit / pense **que** je peux être prof.
4. Ma mère dit / pense / trouve **que** c'est difficile.
5. Elle dit **qu'**on n'est pas d'accord.
6. Elle dit / pense / trouve **que** je peux jouer dans un club de théâtre.

Ü14 Pierre: «Nous visitons le Sacré-Cœur avec ma tante.» – Pierre dit **qu'ils visitent** le Sacré-Cœur avec **sa** tante.
Christine: «Je dors dans mon lit.» – Christine dit **qu'elle dort** dans **son** lit.
Sabine et Luc: «Les photos sont super!» – Ils disent **que** les photos sont super.
Pauline et Fanny: «Nous allons au cinéma avec nos amis.» – Elles disent **qu'elles vont** au cinéma avec **leurs** amis.

Ü15 Martine raconte **qu'**elle habite à Cannes.
Sabine et Laurence trouvent **que** Cannes est une ville super.
Pascal raconte **qu'**il passe ses vacances à St. Tropez avec ses parents parce **qu'**il y a une plage magnifique.

Check-up Kapitel 5

A1 Dans la cuisine des Durand, **il y a** des garçons et des filles: **ce sont** les copains de Marc. Et la fille avec le livre, **c'est** Madeleine, la nouvelle.
Devant la table, **il y a** deux filles: **ce sont** Carole et Laurette.
Il y a aussi un Monsieur: **c'est** M. Durand.
Sur la table, **il y a** un cadeau pour Marc: **c'est** une mousse au chocolat.

A2 Maman donne une pomme à son / au fils.
Pascal raconte une histoire à Nadine.
Nicole téléphone à sa copine.

A3 **Lösungsvorschlag:**
1. Pascal joue au foot.
2. Le père de Frédéric raconte une histoire à son fils.
3. La souris de maman donne le fromage à la petite souris.
4. Le touriste demande l'heure à la dame de l'office de tourisme.
5. L'agent de police pose des questions au voleur.

A4 Diese Sätze müssen verbessert sein:
Ma mère donne **des tartes aux pommes à notre chien Benno.**
Ma mère dit **que** c'est bon pour Benno et **qu'**il ne mange pas les repas pour les chiens.
C'est pourquoi, dans le frigo, **il y a** toujours trois ou quatre tartes aux pommes.
Mon père trouve **que** c'est bizarre.
Mais il donne aussi **des spaghettis à Benno.**
Mon frère et moi, nous disons toujours non, mais mon père n'écoute pas ses enfants ***(ohne Präposition!).***

A5 À l'école, Jeanne donne l'adresse de Luc à sa copine / à son amie.
Le week-end, nous ne téléphonons pas / on ne téléphone pas aux Legrand.
Le soir, Francine aide son père au magasin.
Après l'école, vous parlez toujours à vos amis dans la cour.
Devant le Louvre, des touristes demandent le chemin à un agent de police.
Il pose une question à son ami.
Ils répondent à Luc.
Vous parlez avec / à Nicole?
Ma tante me raconte des histoires.
Les touristes attendent le guide.

6 Verneinung

Ü1 **1.** ne ... **rien**
2. ne ... **pas**
3. ne ... **jamais**
4. ne ... **plus**

Ü2 Non, elle ne rêve pas, elle joue aux cartes.
Non, ils ne téléphonent pas, ils mangent.
Non, elle ne dort pas, elle regarde la télé.
Non, il ne danse pas, il dort.

Ü3 Non, je ne dessine pas / nous ne dessinons pas les arbres.
Non, je ne regarde pas ce film.
Non, il n'attend pas ses copains.
Non, ils n'achètent pas la maison.

Ü4 Non, il ne **l'**entend pas.
Non, elle ne **le** vend pas.
Non, elles ne **l'**écrivent pas.
Non, je ne **les** mange pas / nous ne **les** mangeons pas.
Non, elles ne **le** commencent pas.
Non, il ne **le** parle pas.

Ü5 Non, je **n'**ai **pas de** tomates.
Non, je **n'**ai **pas d'**ananas.

LÖSUNGEN

Non, il **n'y** a **pas de** pommes.
Non, je **n'ai plus de** salade.

Ü6 Non, il **n'y** a **pas de** tests.
Non, ils **n'ont pas de** notes.
Non, ils **ne** donnent **pas de** cours.
Non, il **n'y** a **pas de** salle des professeurs.

Ü7 Non, elle **n'est plus** là.
Non, il **n'écrit jamais de** lettres.
Non, je **ne** prends **rien.**
Non, je **ne** parle **pas encore** / nous **ne** parlons **pas encore** l'allemand.

Ü8 Victor **n'aime pas le** fromage.
Il **n'adore pas les** soupes.
Il **n'aime plus la** limonade.
Il **déteste le** thé.
Il **n'aime pas le** coq au vin.
Il **adore les** escargots.

Ü9 Aujourd'hui, je n'ai pas **le** temps.
Vous jouez avec moi? – Non, on n'a pas / nous n'avons pas envie.
Tu as faim? – Non, je n'ai pas faim, j'ai soif.
Regarde, un fantôme! – Je n'ai pas peur.
Ce n'est pas une maison, c'est un château.
Nous n'aimons pas **les** pommes.
Luc travaille encore? – Non, il ne travaille plus.
Tu manges quelque chose? – Non, je ne mange rien.
Il crie toujours. – Non, il ne crie jamais.
Tu n'entends pas la musique? – Si, je l'entends.
Dans la cuisine, il n'y a plus de limonade.

Ü10 Non, on **ne** va **pas** jouer au foot.
Non, je **ne** veux **pas** partir.
Non, nous **ne** pouvons **pas** / je **ne** peux **pas** aller en France.
Non, ils **ne** savent **pas** nager.
Non, je **ne** vais **pas** / nous **n'**allons **pas** partir en vacances.
Non, je **ne** peux **pas** entendre le bruit.

Ü11 Pierre **ne** peut **rien** entendre.
Elle **ne** veut **pas** encore manger.
Tu **ne** vas **jamais** travailler.
Elles **ne** savent **plus** jouer au foot.
Nous **ne** voulons **pas** regarder la télé.

Ü12 Tu veux regarder quelque chose? – Je **ne** veux **rien** regarder.
Vous allez boire un café? – Non, nous **n'**allons **pas** boire **de** café.
Elle va encore faire des fautes? – Elle **ne** va **plus** faire **de** fautes.
Il veut toujours travailler? – Il **ne** veut **jamais** travailler.

Ü13 Nous **ne** voulons **pas les** regarder.
Mme et M. Durand **ne** peuvent **pas l'**écouter.
Tu **ne** vas **pas la** faire.
Vous **n'**allez **pas l'**acheter.
Je **ne** sais **pas le** parler.

Ü14 Je **ne** vais **pas** aller au cinéma.
Je **ne** vais **pas** téléphoner.
Je **ne** vais **pas** faire les courses.
Je **ne** vais **pas** écrire la lettre.
Je **ne** vais **pas** jouer du piano.

Ü15 Elle **n'a pas** rangé sa chambre.
Pierre **n'a pas** fait son lit.
Sabine et Luc **n'ont pas** acheté le pain pour leurs parents.
Sébastien **n'a pas** lavé la voiture de son père.

Ü16 Sabine **n'a pas** fermé la porte.
Je **n'ai pas** écrit de lettre à ma tante.
Nous **n'avons pas** encore préparé le contrôle de maths.
Tu **n'as pas** fêté ton anniversaire.
Il **n'a jamais** cherché ses cahiers.

Ü17 Diese Sätze müssen korrigiert sein:
Les professeurs **ne** vont **pas corriger** les tests.
Tu **ne** peux **pas** travailler?
Vous **ne** voulez **rien** acheter?
Elle **n'a jamais travaillé.**

Ü18 Nous **n'avons rien** mangé.
Papa **ne** va **jamais** vendre la maison.
Daniel et Sarah **ne** veulent **plus** aller à l'école.
Vous pouvez prendre les oranges? – Non, nous **ne** pouvons **pas** les prendre.
Ils **n'ont pas encore** pris / bu de café / le café.
Son frère **n'a pas** dormi aujourd'hui.
Demain, vous **n'**allez **pas** aller au cinéma mais vous allez travailler.

Check-up Kapitel 6

A1 Non, ils **ne** parlent **pas**.
Non, elle **n'**écoute **pas**.
Non, il **ne** téléphone **pas**.
Non, je **ne** rêve **pas**.
Non, nous **n'**habitons **pas** à Lyon.
Non, elle **n'**est **pas** là.
Non, je **n'**ai **pas** mal à la tête.
Non, je **n'**attends **pas** / nous **n'**attendons **pas** Pierre.
Non, il **ne** parle **pas** l'anglais.
Non, ils **n'**écoutent **pas** la musique.

A2 Julie **ne** danse **jamais.**
Tu **n'**attends **rien.**
Vous **ne** dormez **plus.**

LÖSUNGEN

Nous **n'**ouvrons **pas** la porte.
Tu **ne** vas **jamais** au restaurant.
Nous **n'**achetons **rien.**

A3 **1.** Elle **ne** veut **pas** parler pendant les cours.
2. Magali et Martin **ne** veulent **pas** manger trop.
3. Pierre **ne** veut **jamais** regarder des films d'horreur.
4. Nous **ne** voulons **plus** regarder la télé toute la journée.
5. Vous **ne** voulez **rien** perdre.

A4 Non, je **n'**ai **pas** / nous **n'**avons **pas de** chat. Nous avons un chien.
Si, j'aime les gâteaux.
Non, ce **ne** sont **pas des** Anglais, ce sont des Français.
Non, je **n'**aime **pas** le thé.
Non, il **ne** dort **pas encore,** il lit un livre.

A5 **Lösungsvorschlag:**
1. Nos amis n'attendent pas Pascal.
2. Nous ne regardons rien. / Nous ne regardons plus les livres.
3. Tu n'ouvres pas la porte.
4. Vous ne partez plus en vacances.
5. Elle ne prend jamais les livres. / Elle ne prend rien.

A6 Sabine **ne** mange **pas de** fromage.
Nous **ne** prenons **pas de** café / **le** café.
Tu **n'**aimes **pas les** pommes.
C'est un hôtel? – Non, ce **n'**est **pas un** hôtel, c'est une mairie.
Il **ne** va **pas** ranger sa chambre.
Tu veux regarder les photos? – Non, je **ne** veux **pas les** regarder.
Aujourd'hui, je **n'**ai **pas** réparé ma voiture.
Nous **n'**avons **plus** peur.
Ils / Elles **n'**ont **rien** visité.
Les élèves **ne** parlent **jamais** l'allemand.

7 Fragen

Ü1 **1.** Entscheidungsfrage
2. Ergänzungsfrage: qui
3. Ergänzungsfrage: où
4. Ergänzungsfrage: comment
5. Entscheidungsfrage

Ü2 Est-ce que Martine habite à Lyon?
Est-ce que vous écoutez la radio?
Est-ce que Pascal a un ordinateur?
Est-ce que maman range le salon?
Est-ce qu'il regarde la télé?

Ü3 Est-ce qu'elle téléphone? – Oui, elle téléphone.
Est-ce qu'elles dansent? – Oui, elles dansent.
Est-ce qu'ils jouent au foot? – Oui, ils jouent au foot.
Est-ce qu'il regarde des photos? – Oui, il regarde des photos.

Ü4

b	r	q	u	a	n	d	s	o	u
g	r	c	d	e	d	m	q	r	p
l	q	o	r	c	w	t	p	d	h
c	o	m	m	o	n	t	o	f	i
k	a	m	a	m	e	q	u	i	n
h	l	e	r	b	o	s	r	b	b
f	p	n	u	i	ù	q	q	u	e
g	h	t	r	e	q	w	u	f	v
l	f	s	c	n	f	g	o	i	c
p	o	z	t	w	a	d	i	s	x

quand – wann; qui – wer; que – was; où – wo; combien – wie viel; comment – wie; pourquoi – warum

Ü5 **1. Quand** est-ce que tu travailles?
2. Qui est-ce?
3. Comment est-ce que tu trouves la maison?
4. Que font tes parents?
5. Pourquoi est-ce que vous demandez ça?
6. Où est-ce qu'ils regardent le film?

Ü6 **1.** Qui est Pierre? – C'est le copain de Luc.
2. À qui est-ce que tu donnes le cadeau? – Je donne le cadeau à Stéphanie.
3. Pourquoi est-ce que Sabine n'est pas à la maison? – Parce qu'elle est à Bruxelles.
4. Quand est-ce que l'école commence? – Elle commence à 8 heures.
5. Qu'est-ce que tu n'aimes pas? – Je déteste le fromage.

Ü7 Qui est-ce?
Où est-ce que tu habites / vous habitez? / Tu habites / Vous habitez où?
Comment est-ce que tu t'appelles? / Tu t'appelles comment?
D'où est-ce que vous êtes? / Vous êtes d'où?
Qui travaille? / Que fait Nicole?
Qu'est-ce que c'est ?
Pourquoi est-ce que tu prends une baguette?
Que font Laurette et Frédéric ?
Avec qui est-ce que Nadine travaille ?
À quelle heure / Quand est-ce que vous rentrez ?

Ü8 Qu'est-ce que c'est? – C'est un monstre. / C'est un animal.
Qui est-ce? – C'est un agent de police.

Ü9 **Où** est Nathalie?
Qu'est-ce qu'il donne à son frère?
À qui est-ce que nous parlons?
Quand est-ce que je commence?
Comment est-ce qu'elles font le travail?
Où est-ce que Madeleine achète une baguette?
Qui regarde la télé?
Qu'est-ce que c'est?
Qui est-ce?
Qu'est-ce qu'il y a dans le sac à dos?
Qu'est-ce qu'il y a derrière l'arbre ?

Check-up Kapitel 7

A1 1. **Que** fait Pascal?
2. **Qui** cherche la souris?
3. **Qu'**est-ce qu'il y a dans le salon?
4. **Qui** est dans la chambre?
5. **Qu'**est-ce que c'est?
6. **Que** font Nathalie et Nicole ?

A2 Est-ce que Pascal et Claudine arrivent à Paris?
Est-ce que Véronique prépare le repas?
Est-ce que nous arrivons à Strasbourg?
Est-ce qu'elle fait ses devoirs?
Est-ce que tu vas à l'école?

A3 Où est-ce que Sabine habite?
Que font Patrick et ses parents?
Que fait Ludo?
Qu'est-ce que tes amis racontent?
Qui cherche un travail?

A4 Pourquoi est-ce que Florent est au lit?
Qu'est-ce que c'est?
Quand est-ce que Pascal joue au foot?
Où est-ce que Mme Leclerc travaille?
Qui va au musée?
Qui est-ce?
Qu'est-ce qu'il y a dans la maison?
Quand est-ce que tu vas au lit?

A5 1. Quand est-ce qu'ils font du sport? – Ils font du sport le matin.
2. Qui est-ce? – C'est mon ami Nicolas.
3. Que fait Frédéric? – Il travaille.

A6 Qu'est-ce qu'il y a dans la cuisine?
Où sont les livres?
Quand est-ce que tu fais du foot / joues au foot?
Que font Madeleine et Nadine?

8 Zahlen, Zeit- und Ortsangaben

Ü1

u	d	i	x	s	e	p	t	l	m
l	o	f	d	e	d	q	o	a	r
h	u	i	t	i	i	u	n	d	q
z	z	m	r	z	x	a	z	v	u
f	e	n	o	e	n	t	e	x	i
l	o	g	i	f	e	o	i	y	n
b	p	h	s	t	u	r	z	w	z
g	e	j	n	e	f	z	t	b	e
v	i	n	g	t	f	e	r	r	b
d	a	l	v	w	m	m	c	e	u

dix-sept – quinze – seize – douze – huit – quatorze – vingt – dix-neuf – trois – onze

Ü2 2 – deux; 8 – huit; 13 – treize; 22 – vingt-deux; 36 – trente-six; 49 – quarante-neuf;
53 – cinquante-trois; 67 – soixante-sept;
72 – soixante-douze; 100 – cent;
0 – zéro; 3 – trois; 16 – seize; 21 – vingt et un;
31 – trente et un;
50 – cinquante; 80 – quatre-vingts; 82 – quatre-vingt-deux; 91 – quatre-vingt-onze; 95 – quatre-vingt-quinze

Ü3 12 – douze; 16 – seize; 18 – dix-huit; 21 – vingt et un; 33 – trente-trois; 45 – quarante-cinq;
51 – cinquante et un; 66 – soixante-six

Ü4 69 – soixante-neuf
71 – soixante et onze
79 – soixante-dix-neuf
81 – quatre-vingt-un
89 – quatre-vingt-neuf
98 – quatre-vingt-dix-huit
75 – soixante-quinze
77 – soixante-dix-sept

Ü5 La jupe coûte trente-deux euros cinquante.
L'anorak coûte quarante-cinq euros quatre-vingt-dix.
Le pull coûte vingt-sept euros quatre-vingt-cinq.
Le CD coûte dix-neuf euros quatre-vingt-dix-neuf.
Le livre coûte douze euros quatre-vingts.
La BD coûte onze euros soixante-six.
Le portable coûte quatre-vingt-neuf euros quatre-vingt-dix-huit.

Ü6 quatre-vingts – vingt et un – soixante – quarante – quatre-vingt-dix-sept

LÖSUNGEN

Ü7 54 + 33 – 60 = 27 = vingt-sept
15 – 14 – 1 = 0 = zéro
29 – 16 + 55 = 68 = soixante-huit

Ü8 cafés 7,65 € = sept euros soixante-cinq
croissants 5,88 € = cinq euros quatre-vingt-huit
coca 7,80 € = sept euros quatre-vingts
Er bezahlt **21,33 € = vingt et un euros trente-trois.**

Ü9

plus +	treize	trente-cinq	soixante-dix
huit	vingt et un	quarante-trois	soixante-dix-huit
dix-sept	trente	cinquante-deux	quatre-vingt-sept
vingt-cinq	trente-huit	soixante	quatre-vingt-quinze

moins –	onze	vingt-deux	quarante-cinq
quarante-neuf	trente-huit	vingt-sept	quatre
soixante-dix-huit	soixante-sept	cinquante-six	trente-trois
quatre-vingt-dix-neuf	quatre-vingt-huit	soixante-dix-sept	cinquante-quatre

Ü10 3 bouteilles de limonade / d'eau
2 kilos de fromage / de bananes / d'oranges / de tomates / de citrons
2 tablettes de chocolat
12 baguettes / bananes / oranges / tomates / citrons / gâteaux
peu de limonade / d'eau / de fromage etc. *(alle Substantive möglich)*
1 litre de limonade / d'eau
beaucoup de baguettes / de bananes / d'oranges etc. *(alle Substantive möglich)*
3 kilos de bananes / d'oranges / de tomates / de fromage

Ü11 Luc achète **peu de** carottes.
Sandrine a **une bouteille de** limonade.
Tu as **un peu de** fromage?
Nous avons **assez de** café.
Vous avez **plus de** livres.
Ils ont **moins de** BD.

Ü12 Elle achète six bouteilles de vin, beaucoup de pommes de terre, deux litres de lait, un kilo de sucre et deux tablettes de chocolat.

Ü13 1. Mira prend deux verres **de limonade.**
2. Pierre achète peu **de baguettes.**
3. Elles prennent douze **gâteaux.**
4. Tu veux une tasse **de thé?**
5. Sur la table, il y a une bouteille **d'eau.**
6. Dans la cuisine, il n'y a pas **de croissants.**

Ü14 Pour faire une salade niçoise, il faut:
– beaucoup de salade verte
– un peu de sel
– 200 grammes d'olives
– une boîte de thon
– un kilo de tomates
– un peu de vinaigre
– un peu d'huile d'olive
– deux oignons
Bon appétit !

Ü15 Tu as **des** cahiers? – Non, je n'ai pas **de** cahiers mais j'ai **des** classeurs.
Aujourd'hui, maman fait trois __ gâteaux et **des** tartes pour mon anniversaire.
Dans la maison des Durand, il y a beaucoup **de** chambres, peu **de** salons et assez **de** salles de bains.
Les amis ont beaucoup **de** cadeaux pour Claire: Mathilde a déjà cinq __ cadeaux pour son amie.
Nous n'avons plus **de** crayons. C'est pourquoi on achète assez **de** crayons et **des** stylos. Mais on prend aussi **des** blocs à dessin.

Ü16 On achète / Nous achetons **des** pommes aujourd'hui? – Non, on a / nous avons **assez de** pommes mais nous avons / on a **peu de** bananes.
Je mange **un peu de** chocolat. Tu manges toujours **deux tablettes de** chocolat.
Il ne mange pas **d'oranges** mais il mange **des** tomates.
Madeleine fait **beaucoup de** sport.
Sur la table, il y a trois **litres d'**eau, cinq gâteaux, dix **bouteilles de** limonade et **des** baguettes mais il **n'y** a **pas de** croissants.

Ü17 Il est neuf heures **et quart.**
Il est onze heures **et demie.**
Il est deux heures **moins le quart.**
Il est **une** heure.

Ü18 Il est dix heures vingt.
Il est cinq heures moins vingt-six.
Il est midi.
Il est huit heures moins le quart.
Il est une heure et demie.

Ü19 Il est **midi.**
Il est une heure **et demie.**
Il est trois heures moins **le** quart.
Il est cinq heures **dix.**
Il est quatre heures et **quart.**

LÖSUNGEN

Ü20 Il est quelle heure / Quelle heure est-il / Vous avez l'heure? – Il est trois heures moins le quart.
Il est minuit ou midi?
Il est déjà quatre heures et demie!
Il est onze heures et quart. Maintenant, je fais une pause.

Ü21 **1.** près de; **2.** dans; **3.** entre; **4.** à gauche; **5.** à droite; **6.** avant; **7.** derrière; **8.** devant; **9.** chez; **10.** en face de
Lösung: Vive la France! *(Es lebe Frankreich!)*

Ü22 Le café est **à droite de** la maison de Paul.
Pierre va **à** la piscine.
À trois heures, nous travaillons.
Dans la cuisine, il y a des baguettes et des croissants.
La station de métro est **près de** l'école.
Les livres sont **sur** la table.
Sous la table, il y a les sacs à dos.

Ü23 Le chien n'est pas sous la table, il est sur la table. – La chaise n'est pas à gauche, elle est à droite. – L'armoire n'est pas à droite, elle est à gauche. – Les cahiers ne sont pas derrière la chaise, ils sont sur la table. – Les pulls ne sont pas devant l'armoire, ils sont dans l'armoire.

Ü24 Laurence est toujours devant la télé.
Les chaussures sont derrière le fauteuil.
Le terrain de sport est à côté de l'école.
Avant le cours, nous sommes dans la cour.
Près de l'hôtel, il y a un café.
La piscine est entre le gymnase et le parc.
Aujourd'hui, nous allons / on va chez ma tante et après, nous allons à la boulangerie.
Pendant les vacances, il va à Berlin et en France.

Check-up Kapitel 8

A1 quinze – soixante et un / une – cinq – soixante-dix-sept – quatorze – quatre-vingts – quatre – quatre-vingt-un – trente – quatre-vingt-dix-huit

A2 seize + vingt-deux + trente-huit – cinquante = vingt-six
soixante-neuf – dix-huit – onze + trente-deux = soixante-douze
quatre-vingt-dix-sept – quarante-quatre – vingt – vingt-quatre = neuf

A3 Nous avons encore **des** bananes?
Non, nous n'avons plus **de** bananes mais on a beaucoup **de** pommes. Achète **des** oranges, un kilo **de** tomates et trois __ kiwis.
On a assez **de** café et **des** croissants?
On a un kilo **de** café mais il n'y a plus **de** croissants. Achète dix __ croissants.
J'achète aussi **des** abricots et deux litres **d'**eau.

A4 À sept heures seize, il va à l'école.
À huit heures moins dix, il a cours.
À midi, il va à la cantine.
À cinq heures moins vingt-neuf, il rentre à la maison.
À cinq heures et quart, il fait les devoirs.
À minuit, il est au lit.

A5 J'achète deux kilos de pommes. Ça fait quatre euros quarante.
J'achète trois kilos d'oranges. Ça fait cinq euros soixante-dix.
J'achète trois kilos de bananes. Ça fait trois euros soixante-quinze.
J'achète 5 citrons. Ça fait deux euros cinquante.
J'achète quatre kilos de carottes. Ça fait six euros.

A6 Dans la rue, il y a beaucoup de voitures et peu de vélos.
Martine va à la boulangerie, Sara et Pascal vont chez Pierre.
Devant l'école, il y a un arbre.
Avant la récréation, je vais à la maison.

Stichwortfinder